나는
일하는
여성입니다

조안나 마이어
고동일 옮김

Women, Work, and Calling

Originally published in English under the title: *Women, Work, & Calling* by Joanna Meyer
Copyright ⓒ 2023 by Denver Institute for Faith & Work
Published by InterVarsity Press, P. O. Box 1400 Downers Grove, IL 60515, USA.
www.ivpress.com
All rights reserved.

This Korean translation edition ⓒ 2024 by Timothy Publishing House, Inc., Seoul, Republic of Korea
Published by arrangement with InterVarsity Press, Lisle, Illinois, USA.

이 한국어판의 저작권은 InterVarsity Press와 독점 계약한 (주)도서출판 디모데에 있습니다.
신저작권법에 따라 한국 내에서 보호받는 저작물이므로 무단 전재와 무단 복제를 금합니다.

나는 일하는 여성입니다

1쇄 발행 2024년 5월 20일

지은이 조안나 마이어
옮긴이 고동일
펴낸이 고종율
펴낸곳 주)도서출판 디모데〈파이디온선교회 출판 사역 기관〉
등록 2005년 6월 16일 제 319-2005-24호
주소 서울특별시 서초구 서초대로 141-25(방배동, 세일빌딩)
전화 마케팅실 070) 4018-4141
팩스 마케팅실 02) 6919-2381
홈페이지 www.timothybook.com

ISBN 978-89-388-1706-8 (03230)
ⓒ 2024 도서출판 디모데 All rights reserved. 〈Printed in Korea〉

나는 일하는 여성입니다

직장인, 아내, 엄마로
살아가는 여성,
그 삶과 소명에 대한
하나님의 계획

조안나 마이어
고동일 옮김

"자신의 재능과 꿈을 사용해 동료를 섬기고 하나님께 영광을 돌리기 원하는 모든 여성의 두 손에 이 책이 놓이기를 바란다. 미처 몰랐던 깨달음을 선사하고 일터에서 바로 적용할 수 있는 실제적인 조언은 여성들이 하나님이 맡기신 특별한 일을 기쁨으로 받아 자신감 있게 완수하도록 도와줄 것이다."

캐미 더너웨이(Cammie Dunaway)
듀오링고, 닌텐도 및 야후!의 전 최고 마케팅 책임자(CMO)

"저자는 수년간 일하는 여성들의 이야기에 귀를 기울였다. 그리고 '내가 하는 일의 정의와 의미는 무엇인가?'라는 질문과 씨름하며 그들이 소명에 대해 느끼는 복잡한 감정에 주목했다. 성경의 토대와 풍부한 경험을 바탕으로 삶과 일이 여성에게 요구하는 것이 무엇인지에 대한 가장 중요한 질문(이것은 언제나 어디서나 하와의 딸들에게 피할 수 없는 도전이었다)의 답을 찾는 이 사려 깊은 책은 일하는 여성이 된다는 것이 무엇을 의미하는지를 보여주는 창이 되어줄 것이다."

스티븐 가버(Steven Garber)
M. J. 머독 자선 신탁(M. J. Murdock Charitable Trust)의 직업 및 공익 담당 선임 연구원이자 『원만한 삶: 사랑의 태피스트리 그리고 배움, 예배, 일』(*The Seamless Life: A Tapestry of Love and Learning, Worship and Work*)의 저자

"하나님이 쓰시는 이야기에서 자신의 역할이 작다고 느끼는 여성이라면 이 책을 읽어야 한다. 저자는 하나님이 여성의 일을 중요하게 여기시며, 더 크고, 더 밝고, 더 희망찬 이야기로 모든 여성을 초대하신다고 선포한다."

미카엘라 오도넬(Michaela O'Donnell),
『일의 가치 만들기』(Make Work Matter)의 저자이자 막스 디 프리 리더십 센터의 메리 앤 데일 안드링가 사무 총장(Mary and Dale Andringa Executive Director Chair at the Max De Pree for Leadership)

"끊임없이 변화하는 우리 문화에서 제자라는 정체성을 품은 여성들이 직업의 영역에서 맡은 책임을 온전히 감당하려면 지혜와 지원이 필요하다. 이 책은 그러한 필요를 깊이 있고 세심하게 채워준다. 내가 사회에 첫발을 디뎠을 때 이 책의 도움을 받았더라면 얼마나 좋았을까? 아마 많은 시행착오와 혼란을 피할 수 있었을 것이다."

멜리사 K. 러셀(Melissa K. Russell)
국제정의선교회(International Justice Mission) 북미 지역 대표

"이 책은 그리스도인 여성들이 일터에서 부딪히는 자기 자신과의 싸움 그리고 외부에서 밀려드는 도전들을 탐구한다. 핵심 내용을 간결하게 서술한 이 책은 혼자서도 또는 여럿이 함께 읽기에도 좋다. 저자는 성경, 사회과학 연구 그리고 그리스도인 리더들의 조언에서 이러한 도전을 극복하는 지침을 찾았다. 대학생부터 리더의 자리에서 일하는 모든 여성에게 이르기까지 이 책을 강력히 추천한다."

데니스 다니엘스(Denise Daniels)

휘튼 대학의 허드슨 T. 해리슨(Hudson T.Harrison)

기업가 정신 교수

"자신의 소명을 발견하고, 준비하며, 실천하려고 애쓰는 여성들을 위한 완벽한 지침서다. 그 목표에 도달하라고 대담하게 초대하면서 그렇게 하기 위한 이유와 방법을 명확히 제시한다. 뛰어난 리더인 저자는 여성의 소명을 단지 꿈이 아니라 하나님이 축복하신 현실로 만들기 위한 명확한 신학적 로드맵을 제시한다. 여성이여, 이제 날아올라야 한다!"

퍼트리샤 레이본(Patricia Raybon)

『애널리 스페인 미스터리』(*Annalee Spain Mystery*) 시리즈와 『나는 산에게 움직이라고 말했다』(*I Told the Mountain to Move*)의 저자

"조안나 마이어는 내가 매우 존경하는, 일과 직업에 대한 뛰어난 통찰력의 소유자다. 저자는 여성과 소명의 교차점에 대한 전문가로 성장하기 위해 많은 노력을 기울이고 깊은 고민을 해왔다. 저자는 이 책에 그 지식을 아낌없이 쏟아부었다. 성경의 진리에 부합하는 이 실제적인 책은 여성의 마음과 생각을 새롭게 해주는 지혜의 보물이다."

에릭 슈마허(Eric Schumacher)

『가치, 예수, 그리고 젠더』(Worthy and Jesus and Gender)의 공동 저자

"이 시대에 조안나 마이어를 만나게 하신 하나님께 감사드린다! 사회의 리더로서 신실하게 그 역할을 감당하기 원하는 모든 여성이 절대 놓쳐서는 안 되는 책이다. 성경에 근거한 생각, 은혜로 가득한 글, 실용적인 지혜가 이 책의 모든 페이지에 담겨 있다."

스테파니 서머스(Stephanie Summers)

미국 기독교 싱크 탱크인 공공 정의를 위한 센터(Center for Public Justice)의 대표

내 친애하는 가족인 모든 여성에게.
농부, 선교사, 교육자, 간호사 그리고 시인으로 살아간
당신들의 업적이 내 영감의 원천이었습니다.

그리고 레이철과 브룩에게.
하나님의 부르심에 응답하는 모험을
막 시작한 두 여성에게
이 책을 바칩니다.

차례

추천사 / 4

서문 / 13

1부. 일에 대한 인식을 새롭게 하라

1. 함께 부르심 / 21

2. 세상만큼 큰 복음 / 29

3. 문화적 규범 대 성경적 규범 / 35

4. 소명의 의미 / 43

5. 소명을 탐험하는 도구 / 51

2부. 내면의 힘을 기르라

6. 성장을 가로막는 신념을 분별하라 / 61

7. 우리의 영혼은 일을 통해 성장한다 / 69

8. 겸손한 자신감을 기르라 / 77

9. 가면 증후군을 극복하라 / 85

10. 하나님이 주신 안식의 선물을 발견하라 / 95

3부. 직장에서 부딪히는 도전에 대처하라

   11. 진정성 있게, 의도적으로 리드하라 / 107

   12. 직업적 능력을 실현하라 / 115

   13. 완벽주의에 저항하라 / 123

   14. 상향 리더십을 발휘하라 / 133

   15. 이중구속에 주의하라 / 141

4부. 목적이 있는 관계를 추구하라

   16. 멘토링의 재구성 / 151

   17. 새로운 방식의 관계망 / 159

   18. 관계적으로 관대한 여성이 되라 / 167

   19. 복된 동맹의 회복 / 175

   20. 열심히 하기보다는 열심히 의지하라 / 183

   감사의 말 / 191

   주 / 193

여성이 가족의 식탁에 올리는 것은 단순히
그녀의 손길이 아니다. 그것은 인류의
절반이 쏟아낸 재능, 열정, 경험이다.
_케이틀린 비티(Katelyn Beaty)

서문

"솔직히 말하면, 저는 저와 비슷한 여성을 아무도 몰라요." 이 말은 내가 전문직 그리스도인 여성들에게 그들의 관계망에서 믿음직한 여성을 소개해달라고 요청할 때 자주 듣는 한탄이다. 이 고립감은 사회생활을 하는 여성에게만 국한되지 않는다. 전업주부들에게 하루가 얼마나 외로운지 물어보면, 등하교 카풀을 하고, 아이들의 끝없는 질문에 답하면서 하루를 보낸 이야기를 듣게 될 것이다. 그러나 직업을 갖고 경력을 쌓고 있는 여성들의 고단함은 이와 다르다. 그들이 느끼는 외로움은 깊다. 그리고 어쩌면 그들이 가장 외로움을 느끼는 곳은 신앙 공동체일지도 모른다.[1]

이러한 외로움은 그리스도인 여성을 위한 제자훈련과 현실의 심각한 괴리에서 비롯된다. 공적 삶에서 여성의 역할이 커졌는데도, 여성의 일과 소명을 바라보는 교회의 시각은 그 변화와 함께 성장하지 못했다. 여성은 아내와 엄마로서의 역할에 대한 무거운 기대, 직장에서 벌어지는 복잡한 성 역학, 완벽한 삶을 보여주어야 한다는 사회적 압력 사이에서 방황하고 있다(인스타그램이 미치는 부정적 영향이다). 교회가 공적 삶에서 영향력을 발휘하도록 여성을 제자로 삼지 않는다면, 세상이 그 간극을 채울 것이다.

그래서 나는 이 책의 집필에 열정을 다했다. 2015년부터 나는 덴버 신앙과 일 연구소(Denver Institute for Faith & Work)에서 여성을 대상으로 하는 일과 소명에 관한 프로그램을 인도하고 있다. 일이 하나님의 사역에서 중요한 역할을 한다는 믿음은 나를 지치지 않게 한다. 우리는 하나님의 형상(*imago Dei*)으로 창조되어 창조주 하나님의 형상을 반영하며, 그분과 함께 세상을 창조하는 데 동참한다. 하나님의 성품의 범위와 미묘함을 세상에 보여주려면 여성과 남성이 각자 하나님께 받은 은사를 충분히 활용하여 자신이 속한 일터와 가정과 조직에 적극적으로 참여해야 한다.

좀더 명확하게 말하면, **당신은 하나님이 만드신 모습 그대로 세상에 기여할 수 있다.**

이 책의 목표는 여성이 하나님을 사랑하고 다른 사람들을 섬기라는 부르심에 응답하여 자신의 소명을 온전히 실천할 수 있도록 격려하고, 생각의 폭을 넓히며, 준비하게 하는 것이다. 각 장에서는 먼저 신학적 기초를 세우고, 명망 있는 여성 리더들에게 통찰력을 배울 것이다. 그런 다음 업무에 적용할 수 있는 실제적인 원칙을 살펴볼 것이다.

1부에서는 여성의 다양한 역할에 대한 성경적인 기초를 세운다. 여성의 역할을 왜곡하는 문화적 압력을 제거하여 여성의 소명과 그것이 일상 업무에 어떤 의미를 갖는지 이해하도록 도와줄 것이다.

2부에서는 내면으로 눈을 돌려 자신의 역할을 성공적으로 수행하는 데 필요한 영적, 정서적 힘을 키우도록 돕는다. 여성의 잠재력을 억누르는 '스스로를 제한하는 신념'에 대처하면서 신앙적인 겸손과 자신감사이에서 균형을 유지하는 법을 배울 것이다. 또한 하나님이 우리의 영혼과 인격을 빚으시기 위해 어떻게 업무적 상황을 사용하시는지도 깨닫게 될 것이다.

3부에서는 여성이 직장인으로서 혹은 리더로서 공통으로 직면하는 문제를 해결할 수 있도록 실제적인 도움을 준다. 이를 통해 직장에서 여성에게 영향을 미치는 성 역학에 지혜롭게 대처하면서 진정성 있는 리더십을 발휘하는 방법을 배우게 될 것이다. 또한 내가 가장 좋아하는 '직업적 능력'에 대한 주제에서는 당신이 이미 보유하고 있는 기술, 관계, 자원의 독특한 조합을 통해 당신이 속한 곳에서 신앙적인 영향을 미칠 수 있는 방법을 배울 것이다.

이 책은 풍성한 관계망을 형성하기 위해 어떤 관계가 필요한지를 살펴보며 4부로 마무리된다. 나는 당신이 관계적으로 관대한 리더가 되라고 도전하고 싶다. 그래서 당신의 영향력이 미치는 영역에 생명을 불어넣는 존재가 되기를 바란다.

각 장과 페이지를 통해 하나님이 이 책을 읽는 모든 여성에게 도전을 주시고, 힘과 영감을 주시기를 기도한다. 그리고 하나님이 만드신 당신의 모습 그대로를 온전히 받아들이길 바란다.

1부.

일에 대한 인식을 새롭게 하라

"하나님이 이르시되 우리의 형상을 따라
우리의 모양대로 우리가 사람을 만들고
그들로 바다의 물고기와 하늘의 새와
가축과 온 땅과 땅에 기는 모든 것을
다스리게 하자 하시고 하나님이 자기 형상
곧 하나님의 형상대로 사람을 창조하시되
남자와 여자를 창조하시고 하나님이
그들에게 복을 주시며 하나님이 그들에게
이르시되 생육하고 번성하여 땅에
충만하라, 땅을 정복하라, 바다의 물고기와
하늘의 새와 땅에 움직이는 모든 생물을
다스리라 하시니라."

_창세기 1: 26-28

1
함께 부르심

덴버 연구소가 매년 주최하는 프로그램 중 하나인 '공공선을 위한 비즈니스'(Business for the Common Good)는 비즈니스 리더를 위한 중요한 행사다. 미국 전역의 기업가와 임원들이 모여 하나님이 그분의 사람들을 통해 어떻게 더 건강한 기업을 세우시는지를 배운다. 또한 세계가 당면한 어려운 문제를 해결하는 제품을 디자인하고, 자신들의 일을 통해 지역 사회에 기여하는 방법을 논의한다. 그런데 이 행사가 열린 처음 몇 해 동안 여성 참석자는 거의 없었다. 한 남성 참석자가 "와, 이건 '남자들을 위한 동아리' 같은 느낌이네요. 분명히 이 모임이 필요한 여성들이 있을 텐데요"라고 지적했다. 그러나 이러한 불균형은 이 행사로만 국한되지 않았다. 이사회에 참여할 사람들을 초대하거나, 행사의 패널리스트를 찾거나, 젊은 전문가들을 멘토링할 리더를 찾을 때에도 여성을 찾는 것은 어려웠다.

프로그램 참석자로 파악된 성별 격차를 보면서 나는 성 역할, 리더십 모델 그리고 직장 내 역학 관계에 대한 뿌리 깊은 기대치들을 심층적으로 조사하게 되었다. 그러한 과정을 거쳐 이 책을 출간할 수 있었다. 그리스도인 여성들이 소명을 따라 살 때 부딪히는 도전들에 대해 나와 우리 연구소의 이해가 깊어지면서, 여성들의 사고를 새롭게 하고 준비하도록 돕고 싶은 우리의 마음과 행동이 나날이 강해졌다.

우리의 동력은 여성이 하나님의 구원 목적에서 중요한 역할을 한다는 믿음이었다. 성경의 처음 몇 부분은 여성을 하나님의 계획에서 중심에 두고 있다. 창세기 1장 26-28절은 모든 그리스도인의 일과 관련하여 세 가지 주제를 강조한다.

1. 창조주이신 하나님은 일하시는 분이며, 그분의

일은 선하다.
2. 남자와 여자는 하나님의 형상대로 지어졌고, 그 형상을 함께 지니고 있다.
3. 하나님은 창조물을 남자와 여자에게 맡기시고, 그들이 지혜롭게 다스리며, 더 많은 결실을 맺어 번성하도록 도와주신다. 이는 육체적 재생산뿐만 아니라 물질적 자원, 사회 구조 그리고 문화를 발전시켜 번성하게 하라는 의미다.

신학적으로 말하면, 이 부르심은 '문화 명령'(Creation Mandate)이라고 하며 하나님이 인류에게 주신 최초의 지침이다.

우리는 창조주를 닮아 남성과 여성이 함께 일하는 창조자가 됨으로써 창조주의 영광을 반영한다. 미국 휘튼 대학에서 기업가 정신을 가르치는 교수이자 신앙과 일, 사회적 성(gender)을 연구하는 학자인 데니스 다니엘스(Denise Daniels)는 "이것이 창조주 하나님의 의도라는 점을 주목해야 한다"라고 말한다.[1] 여성이 주저할 때, 즉 하나님이 주신 은사와 책임을 소홀히 할 때 하나님의 설계에서 중요한 부분이 빠진다. 하나님의 성품 중 일부가 세상에서 숨겨지고, 남성과 여성의 협력 관계가 약해지는 것이다.

바울이 말하는 것이 이 상호 의존성이다. "주 안에는 남자 없이 여자만 있지 않고 여자 없이 남자만 있지 아니하니라"(고전 11:11). 영어 성경 NIV는 이렇게 표현한다. "주 안에서는 여자가 남자 없이 독립적이지 않고, 남자가 여자 없이 독립적이지 않다." 저자인 마이크 하베츠(Myk Habets)와 벌라 우드(Beulah Wood)는 이렇게 설명한다. "바울이 말하는 '없이'는 한 성별의 정체성이 다른 성별 없이 존재할 수 없다는 뜻이다. 남자는 단순히 '여자가 아닌 존재'로 정의될 수 없고, 여자 역시 단순히 '남자가 아닌 존재'로 정의될 수 없다."[2] 성경의 관점에서 볼 때, 가족, 교회, 직장 등 어떤 종류의 인간 공동체도 남성과 여성이 함께 일하지 않으면 번영할 수 없다.

데니스 다니엘스는 남성과 여성이 경영진과 이사회에 함께 참여하는 조직이 재정적으로 더 나은 성과를 거두고, 윤리적 위반이 적다는 연구 결과를 소개한다.[3]

세상을 돌보고 발전시키라는 하나님의 광범위한 부르심에 응답하여 여성이 자신의 재능을 충분히 발휘한다면 이러한 영향이 직장을 넘어 얼마나 더 확장될 수 있을지 상상해보라. 다음 장에서는 일상의 일들을 통해 다른 사람을 섬기고 이끌며 영향을 미치면서 하나님의 계획을 발견하고 재확인하는 시간을 갖기로 하자.

더 깊은 생각으로
나아가기

○

하나님이 남자와 여자를 함께 일하도록 창조하시고 부르셨다는 사실은 하나님의 성품에 대해 그리고 인간의 안녕과 행복에 대해 하나님이 어떤 계획을 세우셨음을 알려주는가?

○

당신의 일터를 생각해보라. 함께 일하는 남성과 여성의 공통점은 무엇인가? 남성과 여성이 각각 고유하게 기여하는 바는 무엇인가? 어느 한쪽이 없다면 어떤 손실이 생길 수 있을까?

"아버지께서는 모든 충만으로 예수 안에
거하게 하시고 그의 십자가의 피로 화평을
이루사 만물 곧 땅에 있는 것들이나
하늘에 있는 것들이 그로 말미암아 자기와
화목하게 되기를 기뻐하심이라."

_골로새서 1:19-20

2
세상만큼 큰 복음

하나님이 그리스도의 죽음과 부활을 통해 만물을 자기와 화목하게 하신다는 골로새서 1장의 의미는 매우 심오하다. '만물'은 말 그대로 모든 것을 의미한다. 동네 초등학교의 교실 풍경부터 운전하는 도로에 패인 구멍, 시내 미술관에 걸린 작품에 이르기까지 창조물의 모든 부분은 하나님께 중요하며, 그분의 능력이 역사하는 곳이다. 예수님은 각 개인의 생명을 구원하시려고 죽으셨을 뿐만 아니라, 죄의 영향으로 망가졌거나 하나님의 의도에서 벗어나 훼손된 창조의 모든 영역을 회복하시려고 죽으셨다. 하나님은 교사, 변호사, 의사, 부모 개개인에게 관심을 두실 뿐만 아니라, 교육, 법, 의학, 가정에도 관심을 기울이신다. 간단히 말해, 복음이 영향을 끼치는 범위는 세상의 필요만큼이나 넓다.

이런 관점에서 볼 때, 하나님이 세상에서 어떻게 일하시는지를 이해하는 우리의 인식은 더 확장되고 더 깊어지게 된다. 복음으로 감화된 모든 여성과 남성은 하나님의 구원 계획에서 해야 할 역할이 있다. 정말 멋지지 않은가! 우리는 일을 통해 어떤 형태로든 하나님의 사랑을 기다리는 창조 세계의 한 부분을 맡게 된 것이다. 이렇게 볼 때, 우리가 하는 일은 단순히 재정적으로 자신을 부양하는 수단 이상의 의미를 갖게 된다. 그것은 하나님의 사랑과 희생에 대한 응답으로, 다른 사람들에게 봉사하는 것이다. 이 토대 위에서 여성은 하나님이 주신 다양한 능력을 깨닫고 감사하며, 세상에서 더욱 영향력을 발휘해야 한다.

나는 복음에 담긴 이러한 폭넓은 비전을 좋아한다. 그것은 직장에서 일하는 여성과 가정에서 일하는 여성으로 나누지 않고(일명 '엄마 전쟁') 모든 여성의 일을 긍정하기 때문이다. 가족을 섬기는 일은 존경받아 마땅하며, 이는 하나님이 세상에서 그분의 목적을 이루시기 위해 여성을 부르시는 많은 방법 중 하나다. 그러나 또한 경영진으로 일하며 회사를 보다 배려심 넘치고 인간적인 공간으로 변모시키기 위해 애쓰는 여성이 하나님께 어떤 영광을 돌릴 수 있을지도 상상해보라. 그리스도인 여성들이 현대 생활의 압력에 대응하기 위해 자신들의 재능과 책임을 조화롭게 혼합하면서 직장과 가정의 일을 나누는 구분선은 점차 흐릿해지고 있다. 이렇게 역할이 통합되는 것은 남성과 여성이 협력하여 가족과 사회의 경제적, 사회적, 영적 행복을 위해 함께 일하는 성경적 모델을 반영한다.

복음에 대해 넓은 관점을 가질 때 다양한 역할을 긍정적으로 받아들일 뿐만 아니라 삶의 여러 단계에서 자기 자신을 재능을 받은 청지기로 인식하게 된다. 평생 꾸준히 성장 궤도를 따라 경력을 쌓아가는 여성은 드물기 때문에, 우리는 일에 대한 인식을 새롭게 하고 직업적 상상력을 키워야 한다. 이는 우리의 상황이 변할 때 우리의 소명(라틴어 *vocatio*, 즉 '하나님의 목소리에 대한 응답')을 통해 하나님이 일하시는 새로운 방법에 적응하고 상상하는 능력이다. "하나님, 이곳에서 저를 어떻게 사용하실 건가요?" 또는 "지금 저의 기술과 자원을 어떻게 활용하도록 이끌고 계신가요?"와 같은 질문을 통해 창의적이고 유연한 대답을 얻게 된다. 우리가 전문직에 종사하는 미혼이든, 어린아이를 키우며 파트타임 일을 병행하는 엄마이든, 아니면 자녀가 성인으로 자라 '빈 둥지' 단계에 진입하여 이제 어떤 일을 해야 할지 고민하는 사람이든, 현재 직면한 독특한 상황에 맞는 여성의 다양한 역할에 대해 폭넓은 비전을 가져야 한다. 하나님이 여성과 남성 모두에게 주시는 주된 소명이 그분을 따르고 세상에서 그분의 목적을 이루는 것임을 알게 되면 어떤 변화의 물결이 밀려와도 우리는 안심할 수 있다.

더 깊은 생각으로
나아가기

○

복음에 대한 넓은 관점을 기억하며 매일 하는 일들을 생각해보라. 직장이든 가정이든 간에 망가졌거나 원활하지 않은 부분이 있는지 살펴보라. 그리고 하나님의 선하심, 아름다우심 그리고 진리를 불어넣을 수 있는 기회를 찾아 실천해보라.

예시)

연간 직원 평가 과정이 공정하지 않거나 직원들을 낙심하게 할 때, 성경 말씀을 따라 평가 방식을 조정하면 은혜와 진리의 균형을 잡을 수 있다(요 1:14 참조). 이렇게 하면 직원들은 자신의 성과에 대한 분명한 피드백을 받으면서 동시에 자신의 장점에 대해 격려받을 수 있다.

교사는 학생들이 복잡한 개인적인 문제를 교실로 가져온다는 점을 잘 안다. 교실 밖의 사회적, 문화적 역학 관계를 바꿀 수는 없지만, 하나님의 평화와 조건 없는 사랑이 흐르는 교실을 만들 수 있다.

"그런 자의 남편의 마음은 그를 믿나니
산업이 핍절하지 아니하겠으며…그는
양털과 삼을 구하여 부지런히 손으로
일하며…밤이 새기 전에 일어나서 자기
집안 사람들에게 음식을 나누어 주며
여종들에게 일을 정하여 맡기며 밭을 살펴
보고 사며 자기의 손으로 번 것을 가지고
포도원을 일구며…그는 곤고한 자에게 손을
펴며 궁핍한 자를 위하여 손을 내밀며…
입을 열어 지혜를 베풀며 그의 혀로 인애의
법을 말하며."

_잠언 31:11, 13, 15-16, 20, 26

3

문화적 규범 대 성경적 규범

지난 10년 동안 나는 수백 명의 여성과 그들의 소명에 관해 이야기를 나눴다. 이 과정에서 여성과 일에 대한 관점이 얼마나 복잡한지를 알게 되었다. 일에 관한 여성의 사고를 형성하는 요인들은 마치 지문처럼 제각기 독특하다. 즉, 가족, 민족적 배경, 성격, 추진력, 관계 그리고 교회가 미친 신앙적 영향 등이 주요 요인으로 작용한다. 따라서 그리스도인 여성이 된다는 것이 무엇을 의미하는지에 대한 우리의 이해에 영향을 미친 다양한 측면을 자세히 살펴보아야 한다.

성경에는 가족과 지역 사회의 물질적, 재정적 필요를 채우기 위해 일하는 여성들의 모습이 나온다.

잠언 31장은 남녀 모두에게 경건함을 바탕으로 한 생산적인 활동의 모범을 보여주는데, 여기에는 여성이 상업 활동과 육아를 수행하는 모습이 포함되어 있다. 이는 기업가 정신과 리더십 재능을 가진 여성들에게 영감을 주는 좋은 본보기가 된다. 그러나 여성이 수공업자이자 지주, 또한 어머니로서 자신의 일을 통합시킨 생생한 사례에도 불구하고, 선량한 그리스도인들은 여성과 그들의 일에 대한 하나님의 완전한 비전을 놓치곤 한다. 이는 일을 사적(가정) 영역과 공적(시장 또는 사회) 영역으로 나눌 때 주로 발생한다.

농업이나 무역업과 같은 가내 노동에서 남성과 여성이 함께 일하는 모델은 수 세기 동안 지속되었지만, 기술의 혁신과 경제적 변화는 사람들의 일하는 방식을 바꾸기 시작했다. 18세기 중반 영국에서 시작된 산업혁명이 노동력을 공장이라는 공간으로 옮기면서 경제 활동이라는 의미가 다시 정의되었다. 그전까지는 남성과 여성 모두 집 밖에서 일하는 것이 일반적이었는데, 가정이 어느 정도 부유해지면서 여성은 가정을 돌보기 위해 집에 남게 되었다. 경제 활동과 가족 돌봄을 통합하지 않고 남성과 여성은 서로 다른 부분에서 영향력을 행사하기 시작했다. 남성들이 공장과 도시의 거칠고 힘든 삶을 견뎌내는 동안, 여성들은 가정의 안전과 도덕적 선함을 유지했다. 역사학자들은 이 시기를 '가정의 황금기'라고 부르는데, 가정을 유지하는 여성의 일이 다른 소명보다 더 중요하게 여겨졌기 때문이다.

낸시 피어시(Nancy Pearcey)는 자신의 책 『네 몸을 사랑하라』(*Love Thy Body*, 복있는사람 역간)에서 산업혁명 이전 사회가 어떻게 운영되었고, 그 여파가 무엇이었는지를 설명한다.

> 산업화 이전 사회에서는 대부분의 일이 가족 농장이나 가내 수공업으로 이루어졌기에 남편과 아내가 함께 일했다. 아버지만 일하지 않고, 온 가족이 일했다. 그래서 여성은 경제적으로 생산적인 노동에 참여했고, 남성은 오늘날보다 훨씬 더 많은 시간을 자녀 양육과 교육에 관여했다. 그런데 산업혁명 이후, 이 모든 것이 달라졌다. 산업혁명은 노동을 가정과 분리했다. 이 단순한 변화가 성 역할을 완전히 바꾸

어놓았다. 아버지들은 집을 나와서 사무실과 공장에서 일해야 했기에 가족과 친밀한 시간을 보내기가 힘들어졌다. 여성은 집에서 자녀를 돌보면서 수입을 만들어내던 일을 더는 할 수 없게 되었다. 그 결과 남성과 여성의 역할이 모두 크게 축소되었고, 남성성과 여성성의 정의가 더 협소해졌다.[1]

이러한 역사적이고 문화적인 흐름의 결과는 오늘날 많은 여성, 특히 복음주의 기독교 배경을 가진 백인 여성들에게 영향을 미쳤다. 나이가 어느 정도 있는 밀레니엄 세대와 그 이전 세대의 여성들은 자신들의 주된 책임이 주로 가정과 가족에게 있다고 생각하며 자랐을 것이다. 국제 비영리 단체인 국제정의선교회(IJM)의 북미 지역 회장인 멜리사 러셀(Melissa Russell)은 임원직에 오르면서 여성이 자신의 역할을 통합하는 것이 얼마나 어려운지를 직접 경험했다. 그녀는 국제정의선교회의 리더가 되었지만, "처음 5-7년 동안 이에 대해 엄청난 죄책감을 느꼈다"라고 말한다. 그녀는 미국 남부에서 자란 백인 여성으로서, 자녀를 낳으면 집 밖에서 일하지 않는다는 일반적인 생각에 젖어 있었다. 멜리사는 하나님이 자신의 리더십과 직업적 재능을 그저 허용하시는 것으로 생각했다. 그러나 기도와 독서, 가르침을 통해 하나님이 자신에게 이렇게 말씀하시는 것을 느꼈다. "너의 재능을 단지 허용하는 것이 아니라 목적을 가지고 너에게 준 것이다. 나는 너에게 혼돈 속에서 질서를 만드는 데 사용하라고 그 재능들을 주었다…하나님은 우리가 그분이 주신 모든 자리를 온전히 차지하기를 원하신다. 우리가 그 자리에서 물러서는 것을 원하지 않으신다. 우리의 재능을 내려놓고 물러서면 누구에게도 축복이 되지 않는다."[2]

당신의 경험은 멜리사의 경험과 어떻게 다른가? 어쩌면 당신은 가정에서 기대되는 어머니 역할에 관한 문화적 규범의 영향을 덜 받았을 수도 있다. 재정적인 어려움이 있거나 한 부모 가정이기 때문에 밖에서 일해야만 하는 여성이거나, 혹은 전문 직업을 가진 어머니 밑에서 자랐을 수도 있다. 이러한 다양한 성향을 고려할 때 여성의 역할에 대한 우리의 비전이 성경에 부합하려면 세계 어디에 사는 어떤 여성에게도 적용될 수 있어야 한다. 하나의 모델만이 성경의 이상을 대변한다는 것은 인간 경험의 다양성을 부정하는 것이다. 또한 성경에 나오는 여성들의 다양한 역할을 부정하는 것이다.

**더 깊은 생각으로
나아가기**

○

여성의 역할에 대한 당신의 이해는 무엇의 영향을 받았는가?(예: 거주지, 종교적 배경, 독특한 가족 관계, 나이 등)

○

자신의 재능을 발전시키는 과정에서 어떤 감정을 느꼈는가? 자신이 맡은 역할을 수행하는 동안 겪은 긴장과 갈등은 무엇이었는가?

"평강의 하나님이 친히 너희를 온전히 거룩하게 하시고 또 너희의 온 영과 혼과 몸이 우리 주 예수 그리스도께서 강림하실 때에 흠 없게 보전되기를 원하노라 너희를 부르시는 이는 미쁘시니 그가 또한 이루시리라."

_데살로니가전서 5:23-24

4
소명의 의미

나는 이 책에서 당신의 소명에 대해 이야기하려고 한다. 하지만 많은 그리스도인처럼, 당신도 소명이 무엇을 의미하는지 궁금할 것이다.

—직업(vocation)과 소명(call)의 차이는 무엇인가?
—하나님은 각 사람마다 특정한 소명을 주실까? 그렇다면, 내 소명이 무엇인지 어떻게 알 수 있는가?
—우리는 여러 가지 소명을 받을 수 있는가?

우리 삶을 향한 하나님의 목적을 추구하다 보면 우리는 그분과 함께 날마다 모험하게 될 것이다. 하지만 이것은 우리가 생각하는 것보다 복잡하지 않다.

소명 또는 직업의 의미를 이해하기 위해 뿌리부터 살펴보기로 하자. 『원더우먼: 모성, 직업, 정체성의 도전을 탐험하다』(Wonder Women: Navigating the Challenges of Motherhood, Calling, and Identity)의 저자인 케이트 해리스(Kate Harris)는 자신의 소명을 명확히 정의하는 것이 얼마나 어려운지를 잘 알고 있다.

> 직업(vocation)이라는 단어는 라틴어 'vox'(복스) 또는 'voice'(음성)에서 유래했고, 그리스어로는 '소명'(부름)으로 번역된다. 따라서 이 단어를 가장 광범위한 시각에서 이해하면, 소명은 하나님의 음성, 하나님의 부르심에 응답하여 살아가는 일생의 삶이다. 우리의 다양한 직업(말 그대로 매일, 매 계절마다 우리가 온 힘을 기울이는 활동과 노력, 관계와 책임)은 우리가 살아가는 동안 우리의 독특한 소명을 인식하고 이해하는 방식이다. 소명에 관한 대부분의 논의는 직함과 역할, 기술과 공헌, 직업과 경력에 관한 대화로 발전한다. 물론 이것은 우리가 기울

> 이는 다양한 노력과 의도를 표현하는 합리적인 방법이다. 그러나 이러한 간단한 설명으로는 복잡한 삼위일체 하나님의 형상을 따라 지어진 우리의 복잡한 정체성을 전부 다 설명할 수 없다. 우리는 소명에 내포된 압도적인 차원과 씨름하고 싶지 않아서 이를 단순하고 이해하기 쉬운 용어나 언어로 표현하려는 경향이 있다.[1]

해리스가 설명한 대로, 우리의 소명은 삶의 모든 측면에 영향을 미치며, 하나님과의 친밀한 관계를 통해 발견된다. 소명에 대해 더 깊이 이해할 수 있는 세 가지 원칙은 아래와 같다.

소명은 구체적이기보다는 보편적이다. 소명에 대한 일반적인 오해는 하나님이 우리 삶의 모든 세부 사항을 미리 정해놓으시고, 정확히 우리가 해야 할 일을 알려주실 것이라고 생각하는 것이다.[2] 성경에서 모세, 요나, 마리아와 같은 영웅들이 하나님께 구체적이고 기적적인 지시를 받는 것을 볼 수 있지만, 그런 일은 흔하지 않으며 기대해서도 안 된다. 하나님은 우리를 특정한 역할이나 관계로 부르시기 전에 먼저 자신에게로 부르신다. 즉, 하나님과 관계를 맺고 제자로 살아가며, 다른 사람을 섬기도록 부르시는 것이다. 오스 기니스(Os Guinness)는 이를 다음과 같이 설명한다. "우리는 어떤 일을 하거나 어디로 가라는 명령을 받는 것이 아니라 누군가를 위해 부름을 받는다. 우리는 특별한 일을 하도록 부름받는 것이 아니라 먼저 하나님께로 부름받는다. 소명에 대해 응답하는 열쇠는 하나님을 최우선으로 두는 것이다."[3] 만약 이것이 우리에게 주어진 유일한 지침이라면, 그것만으로도 삶이 의미 있고 충분하다는 뜻이다. 우리는 하나님과 함께 우리의 삶을 공동으로 창조하는 특권과 책임을 가지고 있다. 분별력과 상상력을 발휘하여 하나님의 인도하심을 구하며 세상에서 우리의 소명을 이루어나가야 한다.

<u>소명은 발견되기보다는 형성된다.</u>[4] 하나님이 해야 할 일을 알려주시면 나는 그 일을 할 것이라고 생각할 수도 있다. 하지만 하나님은 우리가 인격을 갖추고 성장하는 상황들을 통해 우리를 인도하시며, 우리의 소명은 시간이 지나면서 구체화된다. 마치 조각상이 될 대리석

덩어리처럼, 하나님은 앞으로의 삶과 관계에 가장 적합한 모습으로 우리를 서서히 조각해나가신다. 우리의 최종적인 삶의 모습이 어떨지는 알 수 없지만, 하나님의 조각하시는 손길이 닿을 때마다 그분의 계획대로 우리를 만들고 계신다는 것을 믿을 수 있다. 우리의 소명은 종종 우리의 역할과 관계를 통해 다층적으로 표현된다. 우리는 배우자가 될 수도 있고, 고모가 될 수도 있으며, 시민이 될 수도 있고, 종업원이 될 수도 있다.

소명은 수동적으로 기다리기만 하는 것이 아니다. 하나님이 우리를 절대 버리지 않으실 것을 알기 때문에 우리는 자신 있게 기회를 모색할 수 있다. 예수님은 제자들에게 "내가 세상 끝날까지 너희와 항상 함께 있으리라"(마 28:20)라고 말씀하셨다. 이것은 믿음을 가지고 전진하며 눈앞에 펼쳐진 것을 탐험하라는 초대다.

더 깊은 생각으로
나아가기

○

하나님의 보편적인 부르심(그분과의 관계, 제자로서의 삶, 다른 사람을 섬기는 삶)이 당신의 삶에서 어떻게 드러나고 있는가?

○

당신의 삶을 되돌아보라. 하나님이 미래의 삶과 관계를 위해 당신을 어떻게 준비해오셨는가? 이것은 당신의 소명에 대해 무엇을 알려주는가?

소명은 우리 삶의 스토리 라인을 제공하여,
파편화되고 혼란스러운 현대 사회에서도
일관성과 연속성을 느끼게 해준다.
_오스 기니스

5

소명을 탐험하는 도구

오스 기니스가 관찰한 대로 우리는 선택에 중독된 세상에 살고 있다.

> 삶은 끝없이 다양한 요리로 가득 찬 뷔페와 같아졌다. 더 중요한 것은 이제는 선택이 단순한 마음의 상태가 아니라는 것이다. 선택은 가치이자 우선순위이며 권리가 되었다. 현대적이라는 것은 선택과 변화에 중독된다는 것이다…선택과 변화는 순식간에 분열, 포화, 과부하를 초래한다. 현대 사회에는 선택, 소통해야 할 사람, 해야 할 일, 따라잡아야 할 것, 그리고 사야 할 것이 너무 많다. 어느 순간 우리

모두에게 차단 스위치가 작동한다. 우리는 과부하와 포화 상태에 이르렀다. 할 일은 너무 많은데 시간은 너무 부족하다.[1]

아마 당신도 공감할 수 있을 것이다. 가족과의 약속, 직장의 업무, 그리고 다양한 소셜 미디어 플랫폼에서 벌어지는 온라인 활동을 따라가야 한다는 압박감은 우리를 지치게 한다. 그러나 소명에는 특별한 아름다움이 있다. 소명은 인생의 계절과 단계에 걸쳐 우리의 이야기를 하나로 묶어주는 보이지 않는 실과 같다. 4장에서 우리는 소명이 구체적이기보다는 보편적이라는 개념을 살펴보았다. 즉, 우리는 특정한 장소나 역할로 부름받기 전에, 먼저 하나님과의 관계와 사명으로 부름받는다. 이렇게 넓은 시각으로 소명을 이해하면 우리는 하나님의 인도하심을 분별하고, 하나님이 주신 재능을 효과적으로 사용할 방법을 찾기 위해 삶을 상상력과 주도권을 사용하는 모험으로 여기게 될 것이다.

그러나 여전히 질문이 남아 있다. 삶이 제공하는 수많은 선택에 어떻게 반응해야 할까? 금융 기술 회사인

준토스 글로벌(Juntos Global)의 공동 창업자이자 소렌슨 임팩트 센터(Sorenson Impact Center)의 최고 운영 책임자인 케이티 맥(Katie Macc)은 자신의 경험을 통해 이 질문에 대답한다. 그녀는 르완다에서 소규모 금융 프로그램을 운영한 일부터 미국 실리콘 밸리의 소프트웨어 엔지니어들과 일하고, 그리고 미취학 아들을 키우는 역할에 이르기까지 소명이 자신을 다양한 곳으로 인도했다고 말한다. 케이티는 자신의 직업과 관련해 하나님이 인도하신 방향을 생각할 때, 반복적인 발화와 집중의 순간들이 있다는 사실을 발견했다. 발화의 순간은 그녀가 자신의 경력을 쌓아가는 여정에서 논리적이지 않아 보이는 새로운 시도를 하는 때이고, 집중의 순간은 이미 증명된 과정이나 목표에 노력을 집중하는 때다. 케이티는 선형적인 경력 여정을 걷지 않고 의도적인 길을 걸었으며, 그것은 하나님이 삶의 다양한 단계를 하나로 묶어 나가시는 데 사용하신 실을 드러낸다. 그녀는 "시간의 흐름에 따라, 발화와 집중의 순간들은 하나님이 나를 어떤 사람으로 만드시고, 나를 어떻게 이끌고 계시는지를 이야기해줍니다"라고 말한다.[2]

케이티는 자신의 삶을 향한 하나님의 인도하심을 분별하는 데 도움이 된 세 가지 실천 방법을 제안한다.

삶의 여정을 기록하라. 교육이나 직장 생활의 다양한 단계를 되돌아보고, 발화와 집중의 순간들을 기록하라. 시각적 기록을 남기고 싶다면, 중요한 단계나 개인적인 사건을 표시하며 자신의 여정을 도표로 작성하는 것도 좋다. 다른 지방으로 이사 가거나, 관심은 있었지만 공부해본 적 없는 주제에 대한 수업을 듣는 것처럼 새로운 시도를 위해 열정을 쏟았던 순간들이 앞으로 집중할 방향을 알려줄 수도 있다.

'다음에 할 일' 목록을 작성하라. 앞으로 도전하고 싶은 일들을 기록해보라. 직업을 통해 익히고 성장하고 싶은 자질이나 경험을 상상하며 적어보라. 예를 들어, 키가 큰 케이티는 출장 때 비즈니스 클래스를 이용하고 싶은 바람을 목록에 적었다(아직 그 목표를 이루지는 못했다). 또한 그녀는 비전을 만들고 제시할 수 있는 팀을 이끌고 싶은 바람이 있다. "이 목록 중 일부는 실현되지 않을 수도 있지만, 목록에 적어두면 노력의 방향을 정하는 데 도움이 됩니다"라고 그녀는 말한다.

당신에 대해 혹은 당신의 직업 여정에 공감할 수 있는 친구를 찾으라. 당신이 살아가고 있는 삶의 복잡다단함을 이해하고 진심으로 성공을 빌어주는 사람을 찾아보라. 커피를 마시며 대화하거나, 분기별로 전화를 주고받거나, 연례 휴가를 함께 보내며 직업인으로서 당신의 성장에 대해 이야기하고 꿈꿀 수 있는 시간을 계획하라. 이런 시간을 함께 보낼 수 있는 친구는 당신의 재능이 발전하도록 독려하고 도전하며, 책임감을 갖게 하는 데 중요한 역할을 한다.

소명을 따라 살아가는 것은 하나님이 우리 삶에 대한 단 한 번의 웅대한 비전을 선포하시는 것에 달려 있지 않다. 오히려, 이것은 하나님이 디자인하신 우리 자신이 되도록 도우시는 과정으로써, 영적으로 분별하고 용기를 내며 창의성을 발휘하는 평생의 여정이다. 케이티 맥(Katie Macc)은 "하나님이 나를 만드신 목적에 깊이 공감합니다"라고 말한다. "하나님과 함께 걷는 동안 나의 소명은 온전히 살아 있는 사람이 되고, 주변 사람들도 가능한 한 온전히 살아 있게 하는 것입니다. 내 업무가 사람들의 행복과 안녕을 도모하든, 그들이 일상에서 더 활기찬 삶을 누리도록 돕는 것이든, 그것이 저의 소명과 부합한다고 생각합니다. 이 모든 것은 복음에 뿌리를 두고 있습니다."

**더 깊은 생각으로
나아가기**

○

당신의 직업 여정에서 경험한 발화의 순간을 생각해보라. 즉, 평소의 패턴에서 벗어나 시도한 새로운 경험이 무엇이었는지 설명해보라. 그 경험에서 얻은 교훈은 무엇인가?

○

'다음에 할 일' 목록을 작성해보라. 당신이 달성하고 싶은 현실적인 목표 하나와 미래에 성취하고 싶은 희망찬 목표 하나를 적어보라.

○

당신이 직업인으로서 발전하는 데 도움을 줄 수 있는 친구를 찾아보라. 이런 식으로 서로를 지원하는 방법을 나눌 수 있는 시간을 계획해보라.

2부.

내면의 힘을 기르라

"너희는 이 세대를 본받지 말고 오직
마음을 새롭게 함으로 변화를 받아
하나님의 선하시고 기뻐하시고 온전하신
뜻이 무엇인지 분별하도록 하라."

_로마서 12:2

6

성장을 가로막는 신념을 분별하라

"나는 이런 일은 못 할 것 같아! 이 목표를 이룰 자신이 없어." 또는 "이 역할을 감당하기에는 경험이 부족한 것 같아"라고 스스로 생각해본 적이 있는가? 그렇다면, 당신은 당신의 성장을 가로막는 신념의 희생양이 된 것이다. 이러한 문제는 직장에서 여성(그리고 남성)들이 자주 마주치는 흔한 도전이다. 성장을 가로막는 신념은 자신 또는 자기 능력에 대한 판단이며, 목표를 달성하는 것을 방해한다. 이러한 신념은 불안감을 조성하고, 행동을 마비시키며, 하나님이 디자인하신 모습의 여성으로 성장하는 것을 방해한다.

성장을 가로막는 신념은 직간접적인 영향으로 형

성되어 우리 마음 깊은 곳에서 의심이나 두려움의 말을 속삭인다. 어쩌면 아버지가 당신의 지능에 대해 농담을 던지며, "너는 얼굴로 성공해야 하는데 예뻐서 다행이야"라고 말했을 수도 있다. 혹은 진로 상담 교사가 특정 대학이나 분야에 지원하려는 당신의 결정에 의문을 제기하며, 당신의 꿈과 맞지 않는 곳을 제안했을 수도 있다. 이러한 메시지는 당신 마음에 스며들어 당신 자신과 잠재력에 대한 인식을 왜곡시켰을 수 있다.

좋은 소식은 당신의 성장을 가로막는 신념의 근원을 이해하고, 이러한 거짓된 메시지에 성경의 진리로 맞선다면 변화할 수 있다는 것이다. 여성 역량 강화 네트워크인 그릿 앤 버추(Grit &Virtue)를 설립한 라이프 코치 샤를레나 오르티스(Charlena Ortiz)는 자신의 업무 경험을 통해 이 메시지를 잘 이해하고 있다. 〈신앙과 일〉(Faith & Work)이라는 팟캐스트의 한 에피소드에서 그녀는 사람들이 자신의 능력을 의심하게 만드는 가장 흔한 질문들을 알려준다.

내가 잘할 수 있을까? 이 질문은 직업적으로 위험을 감수해야 하거나 새로운 도전을 받아들여야 할 때 엄습

한다. 예를 들면, 엄마가 되는 것과 같은 삶의 변화를 맞을 때 앞으로 모든 일을 어떻게 해나갈 수 있을지에 대해 두려운 마음이 들 수 있다.

나는 사랑받고 있을까? 인생의 경험과 성장 과정에서 겪은 일들로 우리는 자신이 사랑받고 있는지를 의심하게 될 수 있다. 머릿속으로는 하나님이 나를 사랑하신다는 것에 동의할 수 있지만, 실제로는 그것을 믿지 못하는 것처럼 행동할 수 있다.

내가 어떤 가치 있는 말을 할 수 있을까? 이 질문에는 자신의 목소리와 영향력에 대한 많은 여성의 고민이 담겨 있다. 어쩌면 당신은 자신이 동료들보다 설득력이 부족하다고 느끼거나, 회의 중에 순간적으로 생각을 정리하여 말하는 데 어려움을 겪고 있을 수 있다. 또는 내성적인 사람들로 구성된 팀에서 유일한 외향적인 사람이어서 자신의 성격이 "너무 과한 것은 아닐까?"라고 걱정하고 있을 수도 있다. 이러한 생각에 굴복한다면, 사람들이 당신의 말에 귀 기울일지 불안한 마음이 들 것이다. 우리가 하는 말의 가치와 권위를 의심하게 되면, 우리는 위험을 감수하거나 우리만이 전달할 수 있

는 메시지를 나누는 데 주저하게 된다.¹

이런 질문들로 인해 어려움을 겪고 있다면 안심하라. 당신은 혼자가 아니다. 성경에 나오는 영향력 있는 인물들도 그들의 성장을 가로막는 신념에 시달렸다. 출애굽기 3장과 4장에서 하나님은 모세에게 이스라엘 백성을 애굽에서 인도하기 위해 그를 보내겠다고 말씀하신다. 모세의 대답은 "제가 누구입니까?"라고 되묻는 것이었다. 그 후에도 모세는 자신이 이 일에 적합한 사람이 아니라고 하나님을 설득하려 했다. "저는 본래 말재주가 없는 사람입니다. 전에도 그랬고, 주님께서 이 종에게 말씀을 하고 계시는 지금도 그러합니다. 저는 입이 둔하고 혀가 무딘 사람입니다"(출 4:10, 새번역). 두 경우 모두 하나님은 모세에게 이 일을 수행할 힘을 주겠다고 약속하셨다. "누가 사람의 입을 지었느냐? 누가 말 못하는 이를 만들고 듣지 못하는 이를 만들며, 누가 앞을 볼 수 있는 사람이 되게 하거나 앞 못 보는 사람이 되게 하느냐? 바로 나 주가 아니더냐? 그러니 가거라. 네가 말하는 것을 내가 돕겠다. 네가 할 말을 할 수 있도록, 내가 너에게 가르쳐 주겠다"(출 4:11-12, 새번역).

샤를레나는 성장을 가로막는 신념을 극복하기 위해 다음과 같은 실천 방법을 제안한다.

자기 인식을 높이기 위해 일기를 쓰라. 샤를레나는 이렇게 말한다. "일기를 쓸 때 그저 하루의 삶을 기록하는 것이 아니라 하나님과 함께 해결해야 한다." "자신에게 떠오르는 모든 감정과 생각에 대해 '주님, 이 문제와 관련해 제가 알기 원하시는 것이 무엇입니까?'라고 질문할 수 있다."

성경에 근거한 정체성 선언문을 작성하라. 비록 지금 당장은 믿기 어려운 진리이더라도, 그 진리가 우리를 그리스도가 디자인하신 본래 모습으로 회복시켜줄 것이다. 샤를레나는 라이프 코치로서 다음과 같은 정체성 선언문을 사용해 훈련생들을 인도한다. "나는 문제 해결력이 있고, 창의적이며, 이 분야를 다루는 데 부족함이 없다. 그리스도를 통해 나는 여성들의 진정한 아름다움을 발견하고, 그들을 자유롭게 하는 데 필요한 모든 것을 갖추고 있다."

그녀는 사업가, 엄마 그리고 아내의 역할을 포함한 삶의 다른 영역들을 위해 다양한 선언문을 작성했다.

일하는 동안 성장을 가로막는 신념이 튀어나올 것을 예상하라. 불안, 스트레스, 두려움, 분노, 또는 평상시와는 다른 감정이 느껴질 때, 그 감정을 불러일으키는 근본 원인을 찾기 위해 자기 자신을 들여다보라. 그리고 이렇게 자문해보라. "지금 무슨 일이 일어나고 있는 것일까? 이 상황에서 벌어질 수 있는 최악의 일은 무엇일까? 나는 어떤 문제가 일어날지 예상하고 대비하는가, 아니면 그저 나 자신을 보호하려고만 하는가?" 성장을 가로막는 신념을 발견하는 훈련을 하면 문제를 빨리 해결할 수 있다.

이 과정에 하나님을 초대하라. 대중심리학은 긍정적 사고를 하라고 가르친다. 대중심리학은 우리가 원하는 결과를 강하게 믿는다면, 우리 안에 무한한 변화의 힘이 생긴다고 주장한다. 이러한 사고방식은 성경의 진리와 충돌하며, 변화의 부담을 우리에게 떠넘긴다. 그에 반해 진정한 자신감은 성경의 지혜와 인간의 행동을 결합한다. 얼마나 감사한 일인가! 로마서 12장 2절이 일깨워주듯이, 하나님은 그분의 진리와 능력으로 우리를 만나려고 기다리신다. 그리스도를 통해 우리는 마음을 새롭게 함으로 변화된다.

**더 깊은 생각으로
나아가기**

○

자유롭고 자신감 있게 일하는 데 방해가 되는 신념들을 말해보라.

○

그 신념들은 어디서 시작되었는가? 사랑하는 사람들이나 괴롭히는 사람들 때문에 그 신념들이 생긴 것인가? 아니면 과거의 경험들에 대한 해석에서 비롯된 것인가?

○

자신의 일에 대해 성경에 근거한 정체성 선언문을 작성하라. 이 선언문을 통해 자신감을 높일 수 있는 두 가지 상황을 생각해보라.

"실로 내가 내 영혼으로 고요하고 평온하게
하기를 젖 뗀 아이가 그의 어머니 품에
있음 같게 하였나니 내 영혼이 젖 뗀
아이와 같도다."

_시편 131:2

7
우리의 영혼은 일을 통해 성장한다

영적 성장에서 가장 깊이 숨겨진 비밀 중 하나는 일상의 일이 우리의 성장에 중요한 역할을 한다는 것이다. 성경 공부와 기도 시간은 필수적인 기초를 마련해 주지만, 직장에서 받는 압력은 새로운 방식으로 하나님을 경험하게 한다. 마치 도가니의 열이 불순물을 제거하고 순수한 은이나 금을 드러내는 것처럼, 소명을 따라 살 때 직면하는 압박감은 빛나고 성숙한 신앙을 만들어낸다. 하지만 그 과정은 어떻게 이루어질까?

일은 우리 마음의 상태를 드러낸다. 일을 통해 우리의 내면, 즉 동기, 불안, 유혹 또는 불만의 영역이 드러난다.

일은 성장해야 할 부분을 드러낸다. 영업 실적이 좋지 않거나 상사와의 갈등, 고객과의 분쟁과 같은 상황은 우리의 죄를 드러내거나 하나님을 신뢰하지 못하는 삶의 방식을 보여줄 수 있다.

일을 통해 하나님을 필요로 하는 마음이 드러난다. 우리는 자신을 성찰함으로 하나님 이외의 것들이 우리의 생각과 애정을 사로잡는 것을 발견하게 될 것이다. 또한 하나님의 평안과 능력에 의지하기보다는 자신의 노력에 의존하거나 애쓰고 있는 부분을 보게 될 것이다.

상황이 우리의 영적인 상태를 드러낸다면, 영적인 훈련은 복음의 진리를 우리 마음에 적용하는 데 도움이 된다. '영적 돌봄'이라고도 불리는 이러한 실천은 우리가 일상에서 하나님의 임재와 능력을 경험할 수 있도록 도와준다.

미국 콜로라도주 볼더에 있는 기술 회사 글루(Gloo)의 개인 성장 담당 이사이자 영적 건강을 지원하는 기관인 소울 케어(Soul Care)의 설립자 민디 캘리과이어(Mindy Caliguire)는 이러한 교훈을 힘들게 배웠다. 남편과 함께 1990년대에 교회를 개척한 후, 그녀의 왕성한 추진력은 육체적이고 영적인 탈진으로 이어졌다. 민디는 심각한 신경학적 문제를 겪으며 일에서 한 발짝 물러서야 했고, 그 시간을 통해 자신의 진정한 영혼의 상태를 알게 되었다. 종교적 활동은 넘치게 했지만, 하나님과의 관계를 소홀히 했던 것이다. 그녀는 이렇게 설명한다. "제 머리는 훌륭한 신학으로 가득 차 있었습니다. 하지만 다른 모든 일을 하는 동안 제 영혼을 돌보기 위해 계획을 세우고 시간과 공간을 준비하는 이유에 대해서는 무지했습니다."

이 경험을 통해 민디는 영적 돌봄의 중요성, 즉 하나님과 깊이 연결된 삶을 세우는 데 초점을 맞춘 실천의 중요성을 발견했다. 그녀는 자기 힘을 쓰다 지친 영혼과 대조하여 시편 131편 2절에 나오는 젖을 뗀 아이의 비유를 언급한다. 아이가 더는 어머니의 젖을 먹지 않아도 어머니의 존재를 그리워하듯이, 우리의 영혼도 하나님을 그리워한다고 설명한다. "이 구절은 '내 영혼이 젖 뗀 아이와 같도다'라고 말합니다. 젖을 떼지 않은 아이에게는 아무런 문제가 없습니다. 그 아기들은 아직 어리고 엄마에게서 무언가를 얻어야 하기 때문에 엄마를 찾습니다. 하지만 젖을 뗀 아이는 오직 엄마와의 관계를 위해 엄마의 무릎에 머물고 싶어 합니다."[1]

성경을 읽거나 교회 예배에 참석하는 것과 같은 영적 실천과 영적 돌봄은 반드시 구분해야 한다. 이러한 실천이 있어야 신앙의 토대가 마련되지만, 하나님과 깊고 친밀한 관계로 채워지지 않으면 공허감에 빠질 수 있다. 영적 돌봄은 우리가 일하는 동안 우리와 함께 계시고 우리를 위해 계시는 하나님의 임재와 연결되는 것이다.

건강한 영혼은 자신의 노력으로 목적을 이루려 하고 만족을 추구하기보다는 하나님의 힘에 뿌리를 내린 소망과 기쁨과 활력으로 넘쳐나서 건강한 정서적 경계를 지킬 수 있다. 건강한 영혼을 가꾸는 한 가지 방법은 온종일 하나님과 대화하는 것이다. 우리는 매 순간 그분 안에서 안식하고, 위기를 맞거나 결정을 내려야 하는 순간마다 그분의 사랑과 보살핌, 주권과 선하심을 확신할 수 있다. 중요한 줌 프레젠테이션을 하기 직전, 네 살짜리 아이가 갑자기 울음을 터뜨릴 때처럼 긴박한 순간에 하나님께 나아가야 한다. "그 상황에서 '예수님의 행동을 꼭 따라야 한다'고는 생각하지 않아요. 왜냐하면 그 정도로 강한 의지력을 가진 사람은 아무도 없기 때문이에요"라고 민디는 설명한다. "하지만 네 살짜리 아이의 비명과 함께 줌 미팅이 시작될 때, 우리는 숨을 들이쉬며 이렇게 할 수 있습니다. '하나님, 당신은 여기에 계시고, 저와 함께하시며, 이 아이를 사랑하십니다. 제가 맡은 일에도 당신이 함께하고 계심을 압니다. 이 상황에 어떻게 대처해야 할까요? 제가 무엇을 듣기 원하시나요? 지금 제 눈에 보이지 않는 해결책이 어디에 있을까요? 제 눈을 뜨게 해주시고, 귀를 열어주세요."

그런 순간에 하나님과 연결된다는 의미는 어떤 상황에서든 하나님의 능력을 의지하고 그분의 존재 안에서 안식할 수 있다는 것이다. 한번 시도해보라! 당신이 하나님께 사랑받고 있다는 사실을 깨닫지 못하게 하는 기계적이고 생명력이 없는 관행들을 잠시 제쳐놓으라. 산책을 하는 것이든, 기도하면서 조용히 그분의 음성을 듣는 것이든, 하나님께로 나아갈 기회를 만들라. 어떻게 하면 당신이 하나님의 임재와 사랑 안에서 안식할 수 있는지 찾으라.

**더 깊은 생각으로
나아가기**

○

하나님은 나와 함께 계시고 나를 지지하신다. 이 사실을 믿는다면 직장에서 마주하는 도전에 대한 생각이 어떻게 달라질까?

○

당신의 삶에서 하나님과 깊이 관계를 맺었던 시기를 생각해 보라. 하나님과의 관계가 당신의 영적인 삶, 스트레스에 대처하는 능력, 또는 인간관계의 건강함에 어떤 영향을 미쳤는가?

○

이번 주에는 숨쉬기 기도를 연습해보라. 숨을 들이마시고 내쉬는 속도에 맞춰 간단한 문구를 말하는 것이다. 직장에서 스트레스를 받을 때마다 호흡을 천천히 하고 아래의 기도 중 하나를 드려보라. 숨을 들이마시고 내쉴 때마다 한 번씩 이 문구를 5회 반복한다.

> 들숨: 하나님의 사랑으로부터
> 날숨: 아무것도 나를 갈라놓을 수 없습니다.
>
> 들숨: 그리스도 예수여
> 날숨: 죄인인 나에게 자비를 베푸소서.
>
> 들숨: 너는 가만히 있어
> 날숨: 그가 하나님이심을 알지어다.
>
> 들숨: 당신의 은혜로
> 날숨: 나는 충분합니다.

겸손은 자신을 작게 생각하는 것이 아니라,
자신을 덜 생각하는 것이다.

_릭 워렌(Rick Warren)

8

겸손한 자신감을 기르라

당신의 퍼스널 브랜드(Personal Brand)는 무엇인가? 우리가 적극적으로 퍼스널 브랜드를 가꾸든 그렇지 않든, 우리는 브랜드를 갖게 된다. 당신의 브랜드는 당신의 평판이다. 그것은 글로, 개인적인 교류로 그리고 소셜 미디어로 남긴 인상이다. 정보화 시대에는 개인 브랜딩이 성공에 필수 요소로 여겨지지만, 때로는 자신을 과시하는 것으로 보여지기도 한다. 성경은 우리에게 "모든 겸손과 온유로"(엡 4:2) 하라고 명령하며, "하나님이 교만한 자를 물리치신다"(약 4:6)라고 말한다. 그렇다면 여성은 업무와 리더십에서 어떻게 그리스도인다운 겸손한 자세로 자신감을 발휘할 수 있을까?

겸손에 대해 왜곡된 생각을 갖고 있으면 이러한 상반된 특성들의 균형을 맞추려고 할 때 내적 갈등이 벌어질 것이다. 겸손한 자신감을 기르는 방법을 배우기 위해, 먼저 겸손이 아닌 것을 살펴보도록 하자.

겸손은 불안이 아니다. 예수님은 온유하시고 마음이 겸손하신 분으로 묘사되지만, 그 겸손함과 온유함이 불안함을 의미하지는 않았다. 그분은 자신의 목적을 명확하게 이해하시고, 그것을 향해 나아가실 때 흔들리지 않으셨다. 또한 그분이 공생애를 시작하시며 세례를 받으실 때, 하나님이 "이는 내 사랑하는 아들이요 내 기뻐하는 자라"(마 3:17)라고 선포하셨는데 이것이 예수님께 도움이 되었다. 그런 말씀을 듣는다면 누구라도 자신감을 갖게 될 것이다! 사도 바울의 경우도 생각해 보자. 그는 "내가 나 된 것은 하나님의 은혜로 된 것이니 내게 주신 그의 은혜가 헛되지 아니하여"(고전 15:10)라고 말한다. 그는 자신이 불완전하다는 것을 알았지만, 하나님이 자신을 있는 모습 그대로 사용하실 수 있다는 사실을 분명히 인식했다.

겸손은 우유부단이 아니다. 때로는 "하나님이 원하시면 이루어질 것이고, 나는 아무것도 할 필요가 없어"라고 생각할 수 있다. 그러나 창세기에서 하나님은 그분과 함께 지구를 창조하고 발전시키도록 우리를 초대하셨다. 하나님은 창조를 통해 능동적인 모델을 보여주시고, 만물에 심어놓으신 잠재력이 발휘되도록 우리에게 이를 맡기셨다. 당신이 자신의 능력에 대해 의문을 제기하는 순간, 당신은 하나님이 맡기신 일에 최선을 다하고 있지 않은 것이다.

겸손은 수동적인 것이 아니다. 하나님은 당신에게 은사를 주셨다. 따라서 자신의 일에 대해 소극적인 태도로 임하는 것은 겸손하거나 책임감 있는 태도가 아니다. 우리의 열정이 경건한 동기에 힘입어 하나님을 영화롭게 하는 방식으로 사용될 때 세상을 변화시킬 수 있는 힘을 갖게 된다.

이러한 오해와는 달리, 성경이 말씀하는 겸손은 하나님이 당신에 대해 말씀하신 바를 따라 살아가는 것이다. 이는 거만하거나 자랑하는 것이 아니라 하나님이 당신을 만드신 모습을 인정하고 감사하는 것이다. 거짓으로 겸손하거나 자기를 억압하거나 자신을 낮추는 태도는 구직과 같은 중요한 순간에 당신에게 손해를 입힐 수 있다. 면접의 목적은 우리가 무엇을 이룰 수 있는지를 보여주는 것이다. 하지만 자신의 능력을 명확하게 밝히는 것이 과시하는 것처럼 느껴져서 면접에서 자신의 강점을 충분히 표현하지 못할 수도 있다. 겸손한 자신감은 당신이 누구인지를 아는 데서 나온다. 즉, 당신은 하나님의 형상으로 창조되었으며, 그분은 당신이 수행해야 할 역할에 맞는 특정한 재능을 주셨다. 자신을 하나님이 주신 재능을 맡은 청지기로 여기고 살겠다고 약속할 때, 우리는 하나님의 영광과 다른 사람들의 유익을 위해 더 탁월하게 일할 수 있다.

경력개발 전문가이자 팟캐스트 〈사장님 채용하기〉(Recruit the Employer)를 시작한 예나 비비아노 두나이(Jena Viviano Dunay)는 그리스도인이 대중적인 입지를 세우거나 퍼스널 브랜드를 개발할 때 염두에 두어야 할 세 가지 조언을 한다.[1]

자신의 동기를 솔직하게 돌아보라. 소셜 미디어와 관련하여 스스로에게 물어보라. "이것을 공유하는 이유가 '좋아요'를 받기 위해서인가, 아니면 실제로 다른 사람들을 도우려 하는 것인가? 그녀는 사람들이 자신의 퍼스널 브랜드를 유지해야 한다는 압박감에 시달리고 있다고 진단한다. 그리고 이것이 자신의 실제 모습과 다를 수도 있다고 말한다. 그녀는 "자칫 허영심에 빠지기 쉽기 때문에 그렇게 되지 않도록 매우 주의해야 합니다"라고 조언한다.

그 과정에서 자기 자신을 중심에 두지 않도록 조심하라. "고객들에게 자신의 겸손한 태도가 부적절해 보일까 봐 걱정한다면, 이는 여전히 자신만을 생각하는 것입니다. 다른 사람들이 자신을 어떻게 생각할지 걱정하기 때문이죠." 예나는 계속해서 이렇게 말한다. "결국 그것은 겸손한 태도가 아닙니다. 여전히 '다른 사람들이 나에 대해 어떻게 생각하는지'를 생각하는 겁니다. 참된 겸손은 '주님, 당신의 계획에 복종합니다. 주님이 주신 은사를 나누겠습니다. 만약 일이 잘되지 않더라도, 주님의 계획에 순종할 것입니다. 주님이 저를 위해 다른 계획을 준비하셨기 때문입니다.'"

지식을 공유하라. 자신감 있고 겸손한 리더는 인간관계에서 관대하게 행한다. 예나는 "많은 사람이 자신의 퍼스널 브랜드를 구축하지만, 그들의 뒤를 따라오는 사람들을 도와주려 하지 않아요"라고 말한다. 당신보다 경험이 적은 다른 사람들에게 조언과 친절과 지원을 아낌없이 베풀어주라.

**더 깊은 생각으로
나아가기**

○

자신의 말로 겸손한 자신감을 표현해보라. 그리스도인의 자신감과 대중문화에서 보여주는 자신감은 어떻게 다른가?

○

다른 사람들은 당신의 퍼스널 브랜드를 어떻게 설명할까? 몇몇 신뢰할 만한 친구에게 당신의 평판을 어떻게 묘사할지 물어보라. 그 설명 중 겸손한 자신감을 보여주는 부분과 지나치게 자기중심적인 부분을 찾아보라.

○

소셜 미디어에서 겸손한 자신감을 보여주는 퍼스널 브랜드의 예를 생각해보라. 그들의 게시물에서 어떤 점이 겸손함을 보여주는가?

"내가 주께 감사하옴은 나를 지으심이 심히
기묘하심이라 주께서 하시는 일이 기이함을
내 영혼이 잘 아나이다 내가 은밀한 데서
지음을 받고 땅의 깊은 곳에서 기이하게
지음을 받은 때에 나의 형체가 주의 앞에
숨겨지지 못하였나이다."

_시편 139:14-15

9
가면 증후군을 극복하라

 자신의 능력을 의심한 적이 있는가? 새로운 기회를 잡을 때 망설이거나, 다른 사람들이 자신을 적임자가 아니라고 생각할까 봐 두려웠던 적이 있는가? 자신이 그곳에 어울리지 않는다고 느꼈던 적이 있는가? 이런 감정을 경험한 적이 있다면, 당신은 혼자가 아니다! 노련한 임원부터 중간 관리자 그리고 이제 막 직장 생활을 시작한 여성에게 이르기까지, 리더십을 발휘하는 데 방해가 되는 자기 의심과 씨름하는 여성이 많다. 이를 가면 증후군(Imposter Syndrome)이라고 부른다.

 심리학자 폴린 로즈 클랜스(Pauline Rose Clance)와 수잔 임스(Suzanne Imes)는 사회적으로 성공한 여성들을 대상으로 1978년에 진행한 연구에서 이 개념을 소개했다. 그들이 관찰한 바에 따르면 "학업적, 직업적으로 뛰어난 성취를 이룬 여성이라도, 자신이 실제로는 똑똑하지 않으며, 다른 사람들을 속이고 있다고 생각하는 경향이 있다."[1] 연구에 따르면 무려 70퍼센트에 달하는 사람이 일생에 적어도 한 번 이상 가면 증후군을 경험한다고 한다. 그러나 실제로는 한 번에 그치지 않을 것이다. 소셜 미디어 게시물, 비판적 피드백, 새로운 도전에 직면할 때마다 자신을 의심하는 시기가 반복될 수 있다.

사업가이자 코치인 메리트 온사(Merritt Onsa)는 자신이 진행하는 팟캐스트인 〈꿈꾸는 사람들〉(Devoted Dreamers)을 시작하면서 가면 증후군을 경험했다. 2016년 이 프로그램을 시작했을 때 그녀는 다른 그리스도인 여성들의 꿈에 관해 인터뷰하는 것으로 만족했다. 하지만 그녀의 담임 목사가 왜 방송에서 그녀 자신의 꿈에 관해 이야기하지 않는지 물었다. 메리트는 그 질문을 받았던 당시 팟캐스트를 진행하는 방식을 두고 고민하고 있었기 때문에 달리 핑곗거리가 없었다. 하지만 자신의 이야기가 어떤 반응을 얻을지 걱정이 앞섰다. 2018년에 그녀는 처음으로 자신의 단독 에피소드를 공유했고, 그후 한 달에 한 번씩 계속 그렇게 하고 있다. "제게 할 이야기가 별로 없다는 생각이 들 때마다, 하나님이 저를 만드신 데는 이유가 있다고 계속해서 생각합니다. 2년이 지난 지금은 저의 에피소드에 대한 반응이 제일 좋습니다. 외부의 반응을 확인해야 하는 일이 마음에 썩 내키지는 않지만, 제 이야기가 누군가에게 공감을 불러일으킨다는 사실을 기억하려고 애씁니다." 그녀는 여성들이 새로운 것을 시도하거나 위험을 감수해야 할 때 비슷한 의심이 찾아올 수 있다는 점을 인식하라고 말한다. 변화의 과정에서 두려움을 느끼는 것은 정상이지만, 가면 증후군에 휘둘리는 것은 "우리가 누구인지를 알려주시는 하나님의 말씀을 듣지 않고, 우리가 거짓으로 꾸미고 있다는 원수의 비난에 귀 기울이는 것"이다.[2]

가면 증후군을 겪게 된다면, 다음 사항을 기억하라.

실수하더라도 계속 진행하라. 당신이 열정을 다해 숙련된 분야에서 노력하고 있다면, 비록 어떤 상황에서 실수

한다고 해서 하나님이 맡기신 일을 그만둬야 하는 것은 아니다. 내면에서 들려오는 비판적 목소리를 인식하고, 그 거짓말이 당신에게 영향을 미치기 전에 멈춰야 한다. 반복되는 패턴을 찾아내고 거짓된 믿음이 생길 때 그것을 인식하고 저항할 수 있도록 노력하라.

새로운 기술을 배울 때 도움을 구하라. 다른 사람들과 협력한다고 해서 당신이 그 일을 수행할 능력이 없다는 의미는 아니다. 오히려, 서로를 지지하는 분위기를 조성하고 성장 마인드를 장려할 수 있다. 성인 학습 전문가인 캐롤 드웩(Carol Dweck)은 이렇게 설명한다. "자신의 재능이 노력과 좋은 전략과 다른 사람들의 조언을 통해 발전할 수 있다고 믿는 사람은 성장 마인드를 가지고 있는 것입니다. 그들은 재능이 타고난 선물이라고 믿는 사람들보다 더 많은 것을 성취합니다. 그들은 남들에게 똑똑해 보이는 것을 덜 걱정하고 배우는 데 더 많은 에너지를 쓰기 때문입니다."[3]

사과의 말이나 자신의 아이디어를 깎아내리는 말을 먼저 하지 말라. "이 분야에 대해 많이 조사해본 것은 아니지만…"이나 "그냥 덧붙이고 싶은데…"와 같은 말로 시작한 적이 몇 번이나 있었는가? 사과할 필요가 없는 문제에 대해 "이견을 제기해서 죄송합니다"라고 사과하기도 했을 것이다. 이러한 습관은 고치기 어려울 수 있으므로, 당신이 말할 때나 글을 쓸 때 자신을 낮추는 표현들을 찾는 것부터 시작하라. 불필요하게 당신의 권한을 줄이지 말라! 업무 전반에서 강력하고 긍정적인 메시지를 전달하기 위해 미리 계획을 세우라.

자신을 돋보이게 하라. 많은 여성이 메리트 온사에게 말한 바에 따르면 가면 증후군인 사람들이 가장 두려워하는 것은 거절이다. 그들은 자신만의 독특하고 소중한 시각을 드러내며 돋보이기보다는 자신을 배경 속으로 사라지게 한다.

당신을 인정하고 당신의 재능과 능력을 확인해줄 수 있는 사람들을 찾으라. 당신 자신과 상황을 명확하게 이해할 수 있도록 거짓된 신념을 걸러내는 일을 도와줄 사람들이 필요하다. 이러한 솔직한 '잔소리'는 사회학자 브레네 브라운(Brené Brown)이 수치심에 대처하는 과정을 표현하는 말로, 가면 증후군을 극복하고 긍정적인 행동으로 나아가는 데 도움이 된다. 메리트는 이렇게 덧붙인다. "만약 우리가 두려워서 시도조차 하지 않는다면, 그 누구도 하나님이 우리를 어떤 모습으로 만드셨는지를 알려줄 기회조차 얻지 못할 것입니다." 이렇게 하면 당신도 가면 증후군을 경험하고 있는 다른 사람들의 강점을 발견하여 알려줄 수 있다.

**더 깊은 생각으로
나아가기**

○

당신이 가면 증후군을 경험했던 때를 생각해보라. 그것을 극복하는 데 무엇이 도움이 되었는가?

○

이 장의 시작 부분에 인용된 시편 139편 14-15절을 다시 읽어보라. 하나님이 계획하셔서 당신을 지금의 모습으로 만드셨다는 사실을 믿는다면 가면 증후군을 극복하는 데 어떻게 도움이 되겠는가?

○

개인적인 관계나 업무적인 관계에서 당신의 재능을 인정해주는 사람이 있는가? 그들의 말 중에 기억에 남는 한 가지는 무엇인가?

○

다른 사람을 인정해주라! 다른 여성에게서 발견한 재능 중 하나를 말해보라.

하나님은 안식일을 정하셔서 자신이 계속해서 일하시고 쉬신다는 것을 우리에게 일깨워주신다. 안식일을 실천하는 것은 세상을 운영하고, 가족을 부양하며, 심지어 업무 프로젝트를 진행하는 사람이 당신이 아니라 하나님이시라는 사실을 기억하게 하는 체계적이고 신실한 방법이다.

**_티모시 켈러(Timothy Keller)와
캐서린 리어리 알스도르프(Katherine Leary Alsdorf)**

10
하나님이 주신 안식의 선물을 발견하라

만약 당신의 집이 우리 집과 비슷하다면, 금요일 밤에는 재앙이 벌어질 것이다. 서둘러 먹은 아침 식사의 흔적들이 주방 조리대를 가득 메우고, 하루 일과를 마치며 침실 의자에 던져놓은 출근복 더미가 일주일 내내 쌓여 있다. 당신의 정신과 감정 상태도 마찬가지로 혼란스럽다. 회의에서 미뤄둔 생각이 주말 여가를 위해 세운 계획과 경쟁하며 머릿속을 가득 채워서 일이 멈추지 않는 것처럼 느껴진다. 버클리 캘리포니아 대학교 그레이터 굿 사이언스 센터(Greater Good Science Center)의 선임 연구원이자 사회학자인 크리스틴 카터(Christine Carter) 박사는 "일은 연중무휴로 24시간 내

내 할 수 있다는 점에서 우리의 사생활을 완전히 침해했지만, 그 반대의 경우는 반드시 그렇지 않다"라고 설명한다. "우리는 일을 사생활에 가져오지만, 사생활을 일로 가져가지는 않는다."[1]

이것은 오늘날의 문제처럼 보일 수 있지만, 하나님은 과도하게 일하는 우리의 경향을 예상하시고 안식일을 해결책으로 설계하셨다. 안식일을 통해 영혼을 살찌우는 휴식은 하나님이 주신 선한 일을 보완하는 역할을 한다. 일을 피하는 것이 아니라 일과 함께 존재하는 것이다. 창세기 2장 2절을 보면 창조의 일곱째 날에 하나님은 모든 일을 멈추고 쉬셨다. 피곤하셔서가 아니라 창조하신 것을 즐기시기 위해서였다(이사야 40장 28절에 따르면 창조주는 피곤하거나 지치지 않으신다고 하셨다). 하나님의 형상을 지닌 우리는 하나님이 창조 때 그러셨던 것처럼 일하기도 하고 쉬기도 한다. 팀 켈러 목사와 직장 사역 지도자인 캐서린 리어리 알스도르프는 이렇게 설명한다.

> 일과 휴식의 이러한 리듬은 그리스도인에게만 해당

> 되는 것이 아니라, 우리가 창조된 본성의 일부이며, 모든 사람을 위한 것이다. 과도한 일이나 미흡한 일은 이러한 본성을 위반하여 파탄에 이르게 한다. 쉬는 것은 하나님의 창조 세계와 우리 자신의 선함을 즐기고 존중하는 방법이다. 일과 휴식의 리듬을 깨뜨리면(어느 쪽이든) 우리 삶과 주변 세계에 혼란을 초래할 수 있다. 그래서 안식일은 우리가 설계된 방식을 축하하는 날이다.[2]

매주 일하지 않는 시간을 마련함으로써 우리는 노동의 수고에서 벗어나 하나님을 즐거워하고 노동의 열매에 감사하는 데 집중할 수 있다.

안식일은 우리가 일의 부담에서 자유롭게 되었다는 선언이기도 하다. 신명기 5장 12-15절에서 하나님은 이집트에서 노예살이를 하다 막 풀려난 이스라엘 백성에게 매주 하루를 쉬라고 명령하신다. 이것은 지켜야 할 규칙 그 이상의 것이었다. 안식일은 이스라엘 백성의 삶을 규정하는 근본적인 원칙이었다. 매주 하루를 쉼으로써 이스라엘 백성이 주변 문화와 얼마나 차별화

되었을지를 상상해보라. 수년간의 강제 노동 끝에 누리게 된 휴식이 얼마나 상쾌했을까? 안식일을 지키는 것은 하나님의 백성이라는 그들의 독특한 정체성을 반영하고, 이를 지켜보는 세상에 번영하는 삶의 방식을 보여주었다.

안식일이라는 선물을 기쁘게 받으려면 먼저 일이 우리 삶에 미치는 엄청난 영향력과 씨름해야 한다. 이스라엘 백성이 알고 있었듯이 일은 우리의 삶을 노예 생활로 전락시킬 수 있다. 일에서 벗어나 쉬지 못하는 사람은 성공 욕구, 물질주의, 다른 사람의 기대, 고용주의 요구 등의 노예가 될 수 있다. 안식일을 실천할 때 우리 영혼을 쉬지 못하게 하는 내면의 혼란이 드러난다. 즉, 자신의 능력을 증명하려 하거나, 가치와 정체성을 확보하려 하거나, 혹은 다른 사람을 실망시키지 않으려는 노력 등 업무의 근간이 되는 문제로 인해 고통당하고 있는 자신을 깨닫게 될 수 있다. 결국, 일에서 손을 떼고 안식을 선택하는 것은 하나님의 공급하심을 신뢰하는 행위다. 토요일에 이메일을 확인하지 않으면 진행 중인 거래가 무산될까? 연중무휴로 일하지 않으면 당신에 대한 상사의 평가가 달라질까? 안식일을 실천할 때 우리는 스스로를 구원하는 능력이 아니라 우리를 구원하시려고 그리스도가 완성하신 사역(히 4:1-10 참조) 안에서 쉴 수 있게 된다.

아남 카라 미니스트리(Anam Cara Ministries)의 지도자이자 창립자인 타라 오웬스(Tara Owens)는 하나님의 창조 사역에서 '여섯째 날'이 인간의 '첫째 날'이었다고 지적한다. 그녀는 다음과 같이 설명한다.

> 6일 후에 하나님은 쉬셨다. 그러나 우리 인간에게는 그날이 존재의 첫 번째 하루였다. 이는 하나님과 우리의 존재에 대해 매우 중요한 것을 말해준다. 하나님이 의도적으로 우리에게 주신 창조의 패턴은 6일 동안 해오던 일을 내려놓고 쉬는 것부터 시작하는 것이다. 우리는 하나님이 인간을 여섯 째 날에 창조하신 것을 별 의미 없는 것처럼 여긴다. 하지만 어쩌면, 이러한 날들의 순서를 하나님은 매우 중요하게 여기시고 우리가 일하고 쉬는 방식을 그분의 계획과 밀접하게 연관 지으셨을지도 모른다.

오웬스는 성경에서 하나님이 처음으로 거룩하다고 부르신 것이 안식일[히브리어로 카도쉬(kadosh)]이라고 말한다. "우리는 하나님을 거룩하다고 생각한다. 그것이 사실이다. 그러나 하나님은 자신을 거룩하다고 드러내시기도 전에 안식일을 거룩하다고 말씀하셨다. 그분은 이렇게 말씀하신다. '너희에게 이 휴식의 패턴을 주겠다. 내가 태초에 창조한 것이다. 이를 따르겠느냐?'"**3**

안식일을 실천하고 싶다면 휴식 시간을 계획하는 몇 가지 실제적인 방법이 있다.

예배 시간을 확보하라. 지난 한 주를 돌아보고 하나님께 집중하기 위해 혼자 있는 시간을 마련하라. 교회에서 드리는 예배에 참석하거나 혼자 성경을 읽는 시간을 가져도 좋다.

즐거움을 추구하라. 낮잠을 자거나, 여유로운 식사를 즐기거나, 일상적인 업무와 대조되는 취미나 창의적인 활동을 즐겨보라. 팀 켈러는 사람들에게 '업무적인' 일이나 직장에서 하는 일과는 다른 활동을 하라고 권장한다. 예를 들어, 책상에서 정보를 처리하며 하루를 보내고 있다면, 실외로 나갈 수 있는 신체 활동을 즐기라.

기계와 기술로부터 단절되라. 정말이다! 외부 세계와 단절된 느낌을 받을 수도 있지만, 그것이 진정한 재충전의 목표이자 비결이다.

삶의 단계에 따라 안식일을 실천하는 방법이 다르다는 것을 인식하라. 어린 자녀를 둔 부모는 육아의 의무를 24시간 동안 중단하는 것이 어려울 수 있지만, 안식일의 정신을 지키려고 노력할 수 있다. 예를 들어, 오후에 온 가족이 함께 조용히 시간을 보내거나 함께 놀이하는 시간을 가질 수 있다.

안식일을 준비하라. 정말 편안한 안식일을 보내려면 의도적으로 준비해야 한다. 그 특별한 날을 위해 미리 계획을 세우고, 외부의 일들이 그 시간을 침범하지 못하게 하라. 친구나 동료에게 당신의 연락 가능 여부나 일정을 명확하게 알려주라.

**더 깊은 생각으로
나아가기**

○
지금까지 의도적으로 안식일의 휴식을 위한 시간을 따로 정한 적이 있는가? 안식일을 실천하기 위해 어떻게 계획하고 구체적으로 실행했는가?

○
어떻게 하면 안식일에 취하는 휴식이 일에서 벗어나는 것이 아니라 일을 보완하게 할 수 있을까?

○

일상생활의 압박이 안식일로 스며들지 않도록 어떤 조치를 취할 수 있는가? (예를 들어, 핸드폰에서 이메일이나 소셜 미디어 알림을 끌 수 있다.)

○

자녀나 동료 또는 직원들에게 일, 휴식, 즐거움 그리고 신뢰에 대해 어떤 모범을 보여주고 싶은가?

3부.

직장에서 부딪히는 도전에 대처하라

당신이 할 수 있는 가장 지치는 일은
진정성 없이 행동하는 것이다.
_앤 **모로우 린드버그**(Anne Morrow Lindbergh)

11
진정성 있게, 의도적으로 리드하라

잠시 시간을 내어 자신의 역할이나 조직에서 이상적인 여성은 어떤 모습일지 상상해보라.

- 그녀의 교육적 또는 직업적 배경은 무엇인가?
- 그녀는 어떻게 옷을 입는가?
- 회의에서 그녀는 어떻게 의사소통을 하는가?
- 그녀는 어떤 특정 지역에서 자랐는가?
- 당신의 모습은 그 이상적인 모델에 부합하는가?

현대 생활의 어려움 중 하나는 삶의 거의 모든 영역에서 우리가 어떻게 행동해야 하는지를 제시하는 메시지가 넘쳐난다는 것이다. 다이어트나 운동 방법, 자녀 양육 방식, 직장 생활에 이르기까지 사회가 제시하는 이상에 부응하기 위해 우리 자신을 변화시킬 수 있는 방법은 무수히 많다. 직장에서 승진하기 위해 진정성 없는 행동을 취하는 것은 유혹적이지만, 연구에 따르면 그 방법으로 우리는 성장하지 못하며 참된 만족을 얻을 수도 없다.

〈상담 심리학 저널〉(Journal of Counseling Psychology)에 발표된 2008년 연구에 따르면 '진정성'(또는 '대부분의 상황에서 자신에게 진실함')이 자존감을 높이고, 스트레스를 낮추며, 만족도를 높이는 것으로 나타났다.[1] 이는 놀랄 일이 아니다! 이기적인 방식으로 동료와 경쟁하거나, 사람들과 어울리기 위해 자신을 바꾸거나, 소셜 미디어에서 팔로워를 얻는 데 얽매이게 되면, 성공이라는 목표에 함몰되어 진정한 자신의 모습을 훼손하게 될 것이다. 진정성은 신뢰를 쌓는데 도움이 되고, 사람들이 당신을 더 신뢰할수록 더 진정한 영향력을 얻게 된다. 그렇다면 직장에서 받는 압박에도 불구하고 자신의 진정성을 지킬 수 있는 방법은 무엇일까?

하나님의 설계를 기억하라. 진정성을 지키려면 누가 당신을 만들었는지, 그리고 당신이 어떻게 만들어졌는지를 기억해야 한다. 에베소서 2장 10절은 우리에게 이렇게 가르친다. "우리는 하나님의 작품입니다. 선한 일을 하게 하시려고, 하나님께서 그리스도 예수 안에서 우리를 만드셨습니다. 하나님께서 이렇게 미리 준비하신 것은, 우리가 선한 일을 하며 살아가게 하시려는 것입니다"(새번역). 여기서 "작품"이라는 그리스어 단어는 *poiema*(포이에마)인데, 영어 단어 poem(시)과 poetry(시의 총칭)가 여기에서 파생했다. 이 단어는 하나님이 우리 삶에서 그리스도를 통해 시작하신 거듭남과 재창조의 아름다운 과정을 전달하는데, 이 과정은 당신의 직장 생활에서도 진행되고 있다. 팀 켈러는 이 과정에 내포된 예술성을 잘 포착한다.

> 당신이 하나님의 작품이라는 것이 무엇을 의미하는지 아는가? 예술이란 무엇인가? 예술은 아름답고, 예술은 가치가 있으며, 예술은 창조자의 내면을 표현하는 것이다. 그것이 무엇을 의미하는지 상상해

보라. 당신은 아름답다…당신은 가치 있다…당신은 예술가, 즉 신성한 예술가이신 하나님의 내면이 표현된 것이다. [2]

진정성을 잃는다는 것은 신성한 예술가의 설계에 도전하는 것이다.

에너지를 집중하라. 코칭 회사 그레이스 그릿 언리미티드(Grace+Grit Unlimited)의 창립자인 채리스 존스(Charisse Jones)는 이렇게 설명한다. "자신이 아닌 다른 누군가가 되려면 많은 에너지가 필요합니다. 그러나 하나님이 만드신 당신의 모습이 된다면, 그분은 100퍼센트 당신을 지지하실 것입니다." 2020년에 채리스는 직장을 잃었다. 그녀는 이 상황을 하나님이 자신에게 기업가가 될 수 있는 기회를 주신 것으로 받아들였다. 새로운 도전을 시작하기 전에, 그녀는 자신에게 물었다. "나는 누구인가? 내가 추구하는 핵심 가치는 무엇인가? 나의 사명은 무엇이며, 하나님이 주신 이 새로운 권한을 어떻게 활용할 것인가?" 그녀는 자신의 정체성과 하나님 나라를 세우기 위해 자신이 부름받은 분야를 명확히 깨달았다. "중요하고 가치 있는 것을 분명히 알면 시간과 에너지를 어디에 집중할지 결정할 수 있습니다."[3] 그렇다면 왜 당신이 아닌 다른 사람이 되기 위해 감정적인 에너지를 낭비해야 할까?

자신의 꿈을 입으라. 사무엘상 17장에서 우리는 어린 목동 다윗이 적군의 전사 골리앗과 싸울 준비를 하는 모습을 본다. 사울 왕은 자신의 군복과 갑옷을 다윗에게 입혀 경의를 표하려 했다. 왕에게 어울리는 전투 장비였다! 그러나 그것은 다윗의 작은 몸에 맞지 않았다. 전사의 복장을 입고 전투에 나가는 대신, 다윗은 자신에게 맞는 옷과 무기, 즉 매끈한 돌멩이 다섯 개, 목동의 주머니 그리고 물매를 선택했다. 예상치 못한 이 작은 체구의 목동은 거인 골리앗을 물리쳤다. 다윗은 이 엄청난 상황에서도 자신에게 진실했다.

목소리를 낼 준비를 하라. 자신이 다른 사람들에게 어떻게 인식될지와 같은 중요한 문제를 우연에 맡겨서는 안 된다. 심리적으로 위축되거나 자신을 변화시켜야 한다는 압박을 가장 많이 느끼는 순간은 언제인가? 우리는 언제 우리 자신이 부족하다고 느껴지는지 잘 알고 있다. 따라서 하나님이 만드신 진정한 당신의 모습으로 거짓말에 대응하라.

**더 깊은 생각으로
나아가기**

○

그리스도가 아닌 다른 사물이나 사람들에게서 자신의 정체성을 확인하는 경향이 있는가? 하나님 밖에서 당신의 정체성을 찾은 결과는 무엇인가?

○

다른 사람의 생활 방식, 기대 또는 목표를 자신의 것으로 삼았던 경험을 생각해보라. 자신의 것이 아닌 다른 가치를 '입는' 것은 어떤 느낌인가?

○

진정한 자아를 희생해야 한다는 가장 큰 압박감을 느끼는 순간은 언제인가? 그 상황을 예측하고 진정성을 지키는 데 도움이 될 두 가지 작은 조치를 계획하고 실천해보라.

하나님의 마음과 길을 따르는 사람들은 자신이 가진 모든 것을 하나님의 목적을 이루어드리기 위해 청지기가 관리해야 할 선물로 여긴다.
_팀 켈러

12
직업적 능력을 실현하라

능력(Power): 많은 그리스도인 여성에게 이 단어는 결혼, 교회 그리고 세상에서 감당해야 할 역할과 관련된 의미로 매우 무겁게 다가온다. 그러나 우리는 더 큰 힘을 얻고, 자신의 재능이 가치 있다는 것을 알며, 자신감과 능력으로 다른 사람들에게 영향을 끼치고 싶어한다. 우리는 그리스도를 따르는 자로서, 능력(power)과 우리의 관계를 진지하게 고민해야 한다.

그리스도의 생애를 기록한 복음서를 보면 그분이 여성을 위해 자신의 능력을 사용하시는 많은 장면이 나온다. 마가복음 5장 29-30절에서 부인과 질환(일부 번역에서는 '혈루증'으로 표현함)을 앓고 있던 여인이 예수님의 옷자락을 움켜잡는 순간을 상상해보라. "그래서 곧 출혈의 근원이 마르니, 그 여자는 몸이 나은 것을 느꼈다. 예수께서는 곧 **자기에게서 능력이 나간 것을 몸으로 느끼시고**, 무리 가운데서 돌아서서 '누가 내 옷에 손을 대었느냐?' 하고 물으셨다"(새번역, 강조 추가). 그 순간 하나님의 치유하시는 능력을 느끼는 것은 어떤 경험일까? 그리스도가 나사로를 죽음에서 살리실 때 마르다와 함께 무덤 앞에 서 있는 것은 어떤 느낌일까?(요 11장 참조) 부활절 아침, 빈 무덤 밖에서 마리아와 함께 부활하신 그리스도를 만난다면 어땠을까?(요 20장 참조) 그리스도는 두려움과 절망에 빠진 여인들을 만나셔서 그분의 능력과 사랑을 보여주셨다.

그리스도는 깨어진 세상을 사랑하고 섬기도록 우리에게 힘을 주시고 그분을 따르는 사람들에게 계속해서 능력을 주신다. 많은 교회가 영적인 은사와 같은 도구를 발견하여 성도들이 이 능력을 관리할 수 있도록 돕고 있다. 하지만 종종 하나님의 목적을 이루는 데 사용할 수 있는 직업 기술과 자원에 대해서는 큰 관심이 없다. 우리가 날마다 하는 일은 하나님의 영광과 다른 사람의 유익을 위해 하나님의 능력을 사용하여 섬길 수 있는 가장 심오한 방법 중 하나다. 이제 당신의 직업적 능력을 활용하는 것에 대해 진지하게 생각해볼 때다!

하나님은 당신을 현재의 위치에 두시고 그분의 목적을 위해 당신을 준비시키셨다. 신학자 리 하디(Lee Hardy)는 이렇게 말한다. "'나'라는 존재는 우연이나 우주적 우연의 산물이 아니라, 하나님이 계획하신 것이다. 내가 존재하는 데에는 이유가 있다. 비록 그 이유가 바로 드러나지 않을 수 있다. 내가 이곳에 있는 데에는 목적이 있으며, 그 목적은 발견하는 것이지 발명하는 것이 아니다."[1] 하디가 알려주는 발견 과정 중 한 부분은 하나님이 당신에게 주신 독특한 자원과 기회를 날마다 하는 일을 통해 관리하는 법을 배우는 것이다. 직업에 대한 이 청지기 정신은 당신의 능력, 지식, 플랫폼, 인맥, 지위, 영향력, 기술 그리고 평판을 의도적이고 전략적으로 활용하여 하나님 나라를 세워가는 것이다. 마태복음 6장 10절에서 그리스도가 "아버지의 나라가 속히 오게 하소서. 아버지의 뜻이 하늘에서 이루어진 것같이 땅에서도 이루어지게 하소서"(현대인의 성경)라고 기도하신 것처럼, 오늘 당신이 하는 일은 하나님 나라를 미리 맛보게 하며, 앞으로 다가올 일의 예시가 될 수 있다.

우리가 하는 일, 맺고 있는 관계 그리고 소유하고 있는 자원을 통해 하나님 나라가 이루어지도록 어떻게 기여할 수 있을까? 학자 에이미 셔먼(Amy Sherman)은 『왕국 소명: 공공선을 위해 직업인이 가져야 할 청지기 정신』(*Kingdom Calling: Vocational Stewardship for the Common Good*)이라는 책에서 하나님의 목적을 위해 사용될 수 있는 일곱 가지 유형의 직업적 능력을 제시한다.[2] 아래 내용을 읽으며 당신은 어떤 능력을 가지고 있는지 살펴보라.

지식/전문 지식: 실무에 적용할 수 있는 교육과 훈련에서 나오는 힘이다. 하나님이 일 자체를 본질적으로 중요하게 여기시기 때문에, 우리는 '일을 위해 최선을 다하고' 직업인으로서 탁월해지도록 힘써야 한다. 전문성을 개발할 기회를 추구하여 일상의 업무를 통해 더 크게 기여할 수 있는 능력을 갖출 수 있다.

플랫폼: 문제, 원인, 사람, 장소 또는 조직에 관심을

집중시켜 메시지를 전달하는 능력이다. 플랫폼을 관리하는 것은 진실을 정확하게 전달하고 인간의 존엄성을 존중하는 자세가 필요하기 때문에 막중한 책임이 따르는 일이다.

인맥: 우리는 자원과 기회를 공유할 수 있는 관계망 속에서 살고 있다. 하나님은 우리가 맺는 업무적 관계, 사회적 관계, 협력 관계 그리고 조직 참여를 통해 그분의 나라를 세우실 수 있다.

지위: 조직 안에서 우리가 서는 위치에는 특정한 권한과 책임이 따른다. 권한이 주어지는 지위에 오르면 이에 걸맞은 특권이 제공된다. 그러나 조직의 최고 책임자가 아니더라도 자신의 역할을 통해 부여받은 권한을 활용할 수 있다. 중간 관리자가 사람들의 삶에 영향을 미칠 수 있는 권한을 과소평가해서는 안 된다.

영향력: 공식적인 리더의 자리에 있지 않더라도, 영향력을 발휘할 수 있다. 현재 당신에게 있는 영향력을 사용하라. 더 큰 권한을 가진 사람들에게 영향을 끼칠 수 있도록 '상향 리더십'을 발휘하는 용기를 하나님께 구하라.

기술: 자신이 보유한 기술을 다시 살펴보고 평가하는 데 시간을 투자하면 새로운 섬김의 길이 열릴 수 있다. 스스로에게 물어보라. "누구를 위해 이 능력을 활용할 수 있을까?"

평판: 이름이 알려져 있으면 권한이 있는 사람들을 만날 수 있는 기회가 많아지고, 많은 사람을 동원해야 하거나 필요한 곳에 사람들의 관심을 끌 수 있다. 당신은 당신의 생각보다 훨씬 강하다. '더 깊은 생각으로 나아가기'의 질문에 답하며 당신의 역할과 관계에 내재된 고유한 힘을 살펴보라.

**더 깊은 생각으로
나아가기**

○

에이미 셔먼이 말한 일곱 가지 유형의 직업적 능력 중 당신에게 가장 두드러지는 세 가지는 무엇인가?

○

이러한 능력을 활용하여 특정 사업이나 동료, 혹은 지역 사회를 섬길 수 있는 기회에는 어떤 것이 있는가?

○

더 큰 영향력을 발휘할 수 있도록 이러한 능력들을 더 키우려면 어떻게 해야 할까? 추가로 교육을 받거나, 다른 영역의 능력을 가진 사람들과 협력하거나, 또는 비슷한 관심을 가진 친구들과 자신의 직업적 능력을 평가하기 위한 대화를 나눌 수도 있다.

"나에게 이르시기를 내 은혜가 네게 족하도다 이는 내 능력이 약한 데서 온전하여짐이라 하신지라 그러므로 도리어 크게 기뻐함으로 나의 여러 약한 것들에 대하여 자랑하리니 이는 그리스도의 능력이 내게 머물게 하려 함이라."

_고린도후서 12:9

13
완벽주의에 저항하라

경쟁이 치열한 분야에서 일하거나 불안에 시달린다면 완벽주의적인 성향을 가질 수 있다. 어쩌면 당신은 열정적이고 끈질긴 성격으로, 자신과 다른 사람에게 비현실적인 기준을 설정할 수 있다. 다른 사람들의 기대를 내면화하든, 자신의 업무에 대해 무한 책임을 느끼든, 완벽주의는 일을 통해 행복을 누리고 하나님의 자유와 평화 속에서 사는 데 방해가 될 수 있다.

2018년 호주에서 약 5천 명의 직장인을 대상으로 실시한 설문 조사에 따르면 여성이 남성보다 완벽주의와 자기비판에 더 많이 시달리는 것으로 나타났다.[1] 저널리스트 제시카 베넷(Jessica Bennett)은 "업무적으로 실패할 때 여성은 더 자주 자신을 탓한다"라고 말한다.

하지만 일이 잘 풀릴 때는 상황이나 다른 사람들에게 그 공을 돌린다. 여성은 남성보다 완벽주의자가 될 가능성이 더 높다. 결과를 100퍼센트 확신할 때까지 질문에 답하거나, 새 직장에 지원하거나, 연봉 인상을 요구하는 것을 주저한다. 우리는 자신의 의견을 의심하며 "이게 맞는지 모르겠지만…"으로 문장을 시작한다. 여성은 남성보다 더 자주 문제를 곱씹으며 지나치게 생각하고 과도하게 분석하는 경향이 있다.[2]

완벽주의는 흔한 성향이지만, 일의 즐거움을 빼앗고, 장기적으로 삶에 부정적인 영향을 미칠 수 있다.

완벽주의가 치러야 할 대가

<u>완벽주의는 탈진을 유발한다.</u> 아무리 좋아도 만족할 수

없으면, 천국에 가기 전에는 절대 완벽할 수 없다는 사실에도 불구하고 탈진할 정도로 일하게 된다. 리더십 코치이자 『날아오를 준비를 하라: 자신의 목소리를 내고, 공동체를 모아 영향력을 키우라』(Ready to Rise: Own Your Voice, Gather Your Community, Step into Your Influence)의 저자 조 색스턴(Jo Saxton)은 이런 현상을 여러 차례 목격했다. "모든 것이 완벽해야 한다고 믿으면 모든 역할을 계속해서 수행하게 된다…모든 역할을…그 모든 역할을…그리고 모든 역할을 탁월하게 감당하느라 우리가 탈진하는 것은 너무나 당연하다. 왜냐하면 그것이 가능하도록 설계된 사람은 아무도 없기 때문이다."[3]

완벽주의는 협업을 방해한다. 완벽주의는 우리를 자아 안에 가두고 우리가 통제할 수 있는 영역으로 영향력의 범위를 제한한다. 완벽주의는 우리가 관계를 통해 성장하고 리더십을 발휘하는 것을 가로막는다. "우리가 흔히 간과하는 것 중 하나는 리더십이 항상 공동체 안에서 일어난다는 것이다"라고 색스턴은 말한다. "내 친구 중 하나는 여성 리더를 고아에 비유한다. 그들은 자신이 직접 경험하지 않았기 때문에 다른 사람들을 양육하는 법을 모른다. 그들은 '어떻게 여기까지 왔는지 모르겠어요. 제가 할 수 있는 말은, 미친 듯이 일하면 여러분도 여기까지 올 수 있다는 겁니다'라고 말한다. 이 생각을 철저히 해체해야 한다. 앞으로 나아가려면 과잉 성취 중독과 이별해야 한다." 당신에게 이렇게 소모할 정서적 에너지가 있다면 당신의 통찰력과 경험이 젊은 리더들에게 얼마나 축복이 될 수 있는지 상상해 보라.

완벽주의는 이웃을 사랑하지 못하게 한다. 때로 여성은 다른 여성 동료에게 불친절하거나 비협조적일 수 있다. 여성 리더의 자리가 적으면, 기회가 제한적인 것을 강조하며 여성이 정상의 자리에 오르기 위해 '대가를 치르는 것'을 당연하게 여기기 쉽다. 색스턴은 이렇게 설명한다. "나는 그런 모습을 많이 보았다. 존경을 받으려고 수년간 열심히 일해온 사람들에게 새로운 여성 동료는 그리 환영받는 존재가 아니다. 먼저 리더의 자리에 오른 사람들은 이렇게 생각한다. '내가 얼마나 열심히 일했는데. 얼마나 희생했는데. 얼마나 멸시당했는

데.' 당신의 마음에는 그동안 경험한 수많은 상처로 분노가 쌓여 있다. 유리 천장을 뚫는다는 것은 여전히 유리에 베어 상처를 입는다는 뜻이다. 그래서 젊은 동료가 더 쉽게 유리 천장을 뚫고 들어올 때, 모든 사람이 항상 기뻐하는 것은 아니다."[4]

완벽주의에 대한 희망

완벽주의 성향에서 벗어나려면 어떻게 해야 할까?

완벽주의를 거짓말로 인식하는 것부터 시작하라. 완벽주의는 우리의 노력 여부에 따라 사랑받고 인정받을 수 있다는 믿음에 뿌리를 둔다. 완벽주의는 우리가 달성하기 어려운 이상에 부응함으로써 삶의 결과를 통제할 수 있다는 비현실적인 생각에서 나온다. 이러한 뿌리 깊은 믿음을 근절하려면 자격을 갖춘 상담사나 영적 지도자의 도움이 필요할 수 있다.

완벽주의가 종종 선한 것을 방해한다는 사실을 기억하라. 완벽주의는 자만심이나 두려움에 기반한 강박으로, 당신을 마비시켜서 필수적이고 유익한 일을 등한시하게 할 수 있다. 완벽주의는 새로운 기회와 더 넓은 업무 범위를 탐험할 기회를 방해하고 대신 절대 완벽할 수 없는 프로젝트의 끝없는 순환에 가둘 것이다.

하나님의 사랑과 완전하심을 일깨워주는 성경 말씀으로 삶을 가득 채우라. 히브리서 저자는 이렇게 가르친다. "그[예수]가 거룩하게 된 자들을 한 번의 제사로 영원히 온전하게 하셨느니라"(히 10:14). 베드로는 그리스도 안에 있는 우리의 정체성을 알려준다. "그러나 너희는 택하신 족속이요 왕 같은 제사장들이요 거룩한 나라요 그의 소유가 된 백성이니 이는 너희를 어두운 데서 불러내어 그의 기이한 빛에 들어가게 하신 이의 아름다운 덕을 선포하게 하려 하심이라"(벧전 2:9). 그리고 예수님은 우리 인생의 불완전함이라는 무게를 당신과 함께 나누도록 초대하신다. "수고하고 무거운 짐 진 자들아 다 내게로 오라 내가 너희를 쉬게 하리라 나는 마음이 온유하고 겸손하니 나의 멍에를 메고 내게 배우라 그리하면 너희 마음이 쉼을 얻으리니 이는 내 멍에는 쉽고 내 짐은 가벼움이라 하시니라"(마 11:28-30).

완벽하고 싶은 욕구를 극복하려면 점진적으로 꾸준히 노력해야 하지만, 그것은 하나님이 도우실 때 가능하다. 하나님은 당신을 너무나 사랑하시기에, 당신의 삶과 잠재력이 거짓으로 제한되는 것을 용납하지 않으실 것이다.

**더 깊은 생각으로
나아가기**

○

당신의 삶에서 완벽주의 성향이 더 강하게 나타나는 영역이 있는가? 직장, 집, 가족과의 관계 중 어디에서 특히 완벽주의 성향이 더 두드러지는가? 왜 그렇다고 생각하는가?

○

당신은 내적 비판자의 목소리를 인식할 수 있는가? 그 목소리가 전하는 메시지는 무엇이며, 당신의 자신감을 떨어트리는 데 어떤 영향을 미치는가?

○

자신의 취약한 면을 드러내서 어떤 상황이나 프로젝트, 우정, 또는 동료와의 관계에 도움이 된 적이 있는가? 그 취약성을 드러낸 것이 관계에 어떤 영향을 미쳤는가?

직장 생활을 시작한 초기에 나는 현장에
밀착해서 일했기 때문에 상사가 볼 수 없는
세부 사항을 볼 수 있었다. 나는 권위적인
입장이 아니라 리더십에 실제로 도움이
되는 관점에서 리더십을 발휘할 수 있었다.
그것은 인간의 번영을 촉진하고 세상이
하나님이 원하시는 방식으로 작동하게
하는 또 다른 방법이다.

_**브라이언 그레이(Brian Gray)**

14
상향 리더십을 발휘하라

해마다 열리는 '여성, 직업, 소명'(Women, Work & Calling) 콘퍼런스에서 일부 참가자가 조직에서 부여받은 권한이 부족해서 어려움을 겪고 있다고 토로했다. 무대 위에 서 있는 임원들이나 창업자들과는 달리, 기업의 중간 관리자로 일하면서 자신들이 얼마나 영향력을 발휘할 수 있을지에 대해 의문을 품는 것이다. 하지만 생각보다 그들이 가진 영향력은 상당하다. 경영학 용어로 중간 관리자로서 리더십을 발휘하는 것을 '상향 리더십'(Leading up)이라고 한다. 이러한 상향 리더십은 배워야 할 기술이며, 그 기술을 숙달하면 어떤 역할을 맡든 영향력을 발휘할 수 있다. 문제는 이러한 영향력을 효과적이고 경건한 방식으로 발휘하는 방법을 배우는 것이다.

당신의 역할이 무엇이든, 당신은 상사들과 상호 작용하면서 상향 리더십을 발휘할 기회가 있다. 당신의 의견은 중요하다. 당신의 상사가 볼 수 없는 세부 사항이나 관점을 볼 수 있기 때문이다. 그러나 당신이 관찰한 내용을 상사의 권위와 경쟁하지 않으면서 팀과 공유한 지식을 추가하는 방식으로 표현하는 것은 까다로울 수 있다. 리더십 전문가 존 맥스웰(John Maxwell)이 말하듯이, "대부분의 리더는 자신이 이끌리기를 원하지 않는다." 하지만 그들은 자신의 일에 가치가 더해지길 원한다. 다음은 당신의 관점을 정중하게 공유하도록 돕는 몇 가지 팁이다.

당신의 마음이 참되고 바른지 확인하라. 그리스도인에게 리더십은 청지기직을 감당할 기회다. 우리는 그 사명을 위하여 우리의 은사, 관점, 감정 지능, 데이터 접근성 그리고 기관의 역사를 청지기처럼 관리해야 한다. 상향 리더십을 잘 발휘하면 조직의 더 큰 목적을 이루는 데 도움이 된다. 다만, 자신의 의견을 밀어붙이려 하지 않도록 주의하라. 발언하기 전에 기도하라. 그리고 스스로에게 물어보라. "내가 원하는 방식이기 때문에 이 문제를 제기하는 것인가, 아니면 이것이 직원과 지역 사회와 조직에 실제로 도움이 되기 때문인가?"

상향 리더십을 발휘할 때마다 더 발전하기 위해 노력하라. 회사의 고객이나 제품 또는 직원을 염려하기 때문에 우려되는 문제를 제기하는 것이라고 강조하라.

타이밍과 어조를 고려하라. 에스더서를 보면 에스더는 아하수에로 왕에게 유대인의 생명을 구하기 위해 간청할 때 타이밍과 어조를 중요하게 생각했음을 알 수 있다. 에스더는 왕에게 나아가기 전 유대인들에게 3일 동안 금식해달라고 요청했다. 그런 다음, 왕을 만찬에 초대하여 이틀 동안 잔치를 벌인 후 자신의 요청을 전달했다. 그녀는 그 말이 자신의 목숨을 앗아갈 수도 있다는 것을 알고 있었다. 결국, 에스더의 용기가 유대 민족의 생명을 구했다. 이것이 상향 리더십의 모범 사례다.

오늘날 직장 문화에서는 자신의 목소리를 내야 할 때 시기와 어조를 고려해야 그 의견이 전달될 가능성이 높다. 상사의 회의 일정과 스트레스가 많은 시기를 파악하고, 조직의 일정에 맞춰 의사를 피력할 시간을 조정하라. 연간 예산이 확정된 직후에 추가 자금을 요청하는 것은 좋은 생각이 아니다. 상사가 월별 마감일이나 분기별 재정 목표에 골몰하고 있다면 큰 그림을 논의할 시간적 여유와 정신적 능력이 제한될 수 있음을 이해하라.

제안하려는 내용에 가장 적합한 의사소통 방법을 고려하라. 간단한 아이디어라면 사내 인터넷이나 문자 메시지를 사용하는 것이 좋을 수 있다. 더 긴 논의가 필요하다면 상사의 선호도에 따라 산책을 제안하거나 회의 일정을 잡으라.

상사에게 비서가 있다면, 논의하고자 하는 내용의 범위와 목적에 대해 비서와 먼저 이야기하라. 회의 전에 상사가 비서를 통해 간략하게 보고받으면 제안하려는 아이디어를 더 쉽게 받아들일 수 있다.

문제가 아닌 해결책을 지향하라. 실수나 문제점을 발견하는 것은 쉽지만, 그것을 넘어 다음에 해야 할 일을 파악하는 것은 더 큰 기술이 필요하다. 상사는 이미 무엇이 잘못되었는지 알고 있을 것이므로 실패한 요인에 대해 더 이상 이야기할 필요는 없다. 대신 앞으로 문제를 해결할 수 있는 적절한 해결책을 제안하라. 그리고 긍정적이고 미래 지향적인 태도로 당신의 아이디어를 제시하라.

이를 통해 당신의 영향력도 커질 수 있다. 당신의 지위가 바뀌지는 않겠지만, 당신의 가치에 대한 사람들의 인식은 바뀔 것이다. 시간이 지나면 당신이 진행하는 일상 업무에서 그리스도인으로서의 영향력이 더욱 커질 것이다.

다른 사람들의 직무를 이해하려고 노력하라. 당신이 맡은 업무보다 상사들이 더 큰 업무의 부담을 지고 있음을 인식하라. 당신과 다른 책임을 맡고 있는 사람들에 대해 연민과 공감의 마음을 가지라. 공동의 목표를 위해 협력할 때 그들도 당신에게 배려와 이해심을 보여줄 것이다.

더 깊은 생각으로
나아가기

○

당신이 관찰한 문제에 대해 상사에게 의견을 제시했지만, 긍정적으로 받아들여지지 않았던 때를 생각해보라. 상사가 왜 그렇게 반응했다고 생각하는가?

○

반대로, 상사에게 문제에 대한 의견을 제시했을 때 긍정적인 반응을 얻었던 경우를 생각해보라. 어떤 이유로 그렇게 반응했다고 생각하는가?

○

실제적으로 생각해보자. 현재 직장에서 상향 리더십의 원칙 중 하나를 어떻게 적용할 수 있을까?

내가 지난 수년 동안 받았던 비판 중
하나는 충분히 공격적이거나 단호하지
않다는 것이었다. 어쩌면 나의 공감 능력
탓에 나약하다고 비난하는 것인지도
모르겠다. 나는 이 비난에 전적으로
반대한다. 나는 동정심과 강인함을 동시에
가질 수 없다고 믿지 않는다.

_저신다 아던(Jacinda Ardern, 전 뉴질랜드 총리)

15

이중구속에 주의하라

 '관계적인', '돌보는', '배려심 있는.' 연구에 따르면 이러한 특성은 주로 성인 여성과 연관 짓고, 성인 남성과는 거의 연관 짓지 않는 것으로 나타났다. 이러한 특성을 가진 사람들이 훌륭한 관리자가 될 수 있다는 연구 결과도 있다. 그러나 혼란스러운 점은 여성 리더가 덜 성공적인 관리자로 평가되는 경향이 바뀌지 않는다는 것이다. 이러한 인식과 실제 리더십 효과 사이의 괴리를 '이중구속'(double bind)이라고 한다. 이는 여성이 유능하거나 호감 가는 사람으로 여겨질 수 있지만 둘 다는 아니라는, 미묘하지만 강력한 역학 관계를 나타낸다. 하버드 비즈니스 스쿨의 경영학 교수인 로자베스

모스 캔터(Rosabeth Moss Kanter) 교수는 "좋은 여성이자 좋은 리더로 평가받는 것은 어려운 일"이라고 말한다.[1]

연구에 따르면, 남성은 종종 '단호한' 또는 '결단력 있는' 리더십 스타일로 묘사된다. 남성이 이러한 성 고정관념을 벗어나는 행동을 하면 대개 좋은 평가를 받는다. 하지만 여성의 경우는 다르다. 여성이 주도적이거나 업무 중심적인 특성(책임감이 있다고 표현할 수 있음)을 나타내면 사람들은 '나는 그녀를 별로 좋아하지 않는다'고 생각한다. 그러나 여성이 관계 중심적이고 배려하는 행동을 하면(즉, 주변을 보살피는 경우) 사람들은 '나는 그녀를 좋아하지만, 강한 리더가 될 수 있을 것 같지 않다'고 생각한다. 반면, 남성이 기대되는 성 규범을 벗어나 보살피는 행동을 하면, 사회에서 긍정적으로 평가받는 경향이 있다.

코넬 대학교 SC 존슨 경영대학의 데버러 스트리터(Deborah Streeter) 교수는 이를 다음과 같이 설명한다.

이중구속은 여성이 좁은 경계 안에서 활동한다는

것을 의미한다. 너무 적극적이면 공격적이고 비호감으로 여겨지지만, 배려심이 있으면 나약한 사람으로 평가받는다. 그래서 여성은 남성만큼 공개적으로 리더십을 발휘할 수 없다. 나는 이것을 '친절의 벌칙'이라고도 부른다. 친절은 힘이 아니라 유대감과 관련이 있다. 강한 리더가 되려면 유대감도 필요하지만 힘도 필요하다. 여성은 이러한 '친절의 벌칙'에 갇혀 있다. 너무 착하면 강하지 않고, 착하지 않으면 사람들이 좋아하지 않는다.[2]

이중구속의 상황에 놓였다면 어떻게 해야 할까?

그리스도가 보여주신 모범을 생각하라. 그분의 삶에는 어린아이를 환영하시고, 사랑하는 사람을 잃은 친구와 함께 슬퍼하시는 큰 애정이 드러나는 순간, 귀신 들린 사람을 고쳐주시고 바다를 잠잠하게 하시는 결단력 있는 행동의 순간 그리고 성전에서 환전상들의 상을 엎으시며 도덕적으로 분노하시는 순간이 다 섞여 있다. 하나님의 아들이신 이 이상적인 사람은 다른 사람들을 사랑하시고 하나님의 목적을 성취하시면서 겉으로는 서로 모순되어 보이는 이러한 특성들을 긴장을 잃지 않고 드러내셨다. 당신도 비슷한 긴장을 느낄 때 그리스도의 지혜를 달라고 기도하라.

자신의 성격과 재능이 업무에서 어떻게 드러나는지를 살펴보라. 팀에서 일할 때 자신을 관찰해보라. 당신은 상황을 처리하는 편인가, 아니면 관련된 사람들을 돌보는 편인가? 마이어스-브릭스 유형 지표(Myers-Briggs Type Indicator), 에니어그램(Enneagram) 또는 클리프턴 스트랭스(Clifton Strengths)라 불리는 스트렝스파인더(StrengthsFinder)와 같은 성격 평가로 자신의 특성을 분석해보라. 당신이 보여주는 자질들이 성 고정관념에 영향을 미치는가?

자신의 성향과는 다른 행동을 해보라. 예를 들어, 협업할 때 적극적으로 반응하고 합의를 추구하는 경향이 있다면(흔히 여성적 특성으로 간주된다), 더 단호하고 주도적으로 행동할 기회를 찾으라. 직장에서 '가짜 페르소나'를 만들라는 것이 아니라, 보다 다양한 면을 보여줄 수 있는 기회를 찾으라는 것이다.

당신의 성취가 측정 가능하고 눈에 보이게 하라. 권한을 가진 사람들에게 중요한 성공 지표를 사용하여 당신의 역량을 구체적으로 보여줄 방법을 찾으라. 성 고정관념이 배제된 명확한 기준을 사용하면 편견을 극복하고 당신의 영향력을 입증할 수 있다. 또한 당신의 성과를 강조해줄 멘토나 지지자들의 도움을 구하라. 그들이 당신의 영향력을 정량적으로 보여줄 수 있도록 '치트시트'(cheat sheet) 같은 자료로 당신의 역량을 강조할 수 있게 도우라. 예를 들어, 당신의 판매 실적이 동료들을 능가한 정도나 당신의 교육 방법을 통해 학생들의 교육적 성과가 얼마나 향상되었는지를 보여주는 차트를 만들 수 있다.

이중구속에 대처하는 방법을 신중하고 의도적으로 고려하라. 그것은 당신의 경력뿐만 아니라 당신이 속한 조직이 효과적인 리더십을 이해하고 재능 있는 여성들이 리더로 성장할 수 있는 기회를 제공해주는 전환점이 될 수 있다.

**더 깊은 생각으로
나아가기**

○

일하는 여성으로서 이중구속을 경험한 적이 있는가? 그렇다면 어떤 방식으로 경험했는가?

○

남성적 또는 여성적 리더십 스타일에 대한 무의식적인 편견이 있는가? 만약 있다면 무엇인가?

○

본문의 내용 중 직장에서 당신의 영향력을 다각적으로 보여주는 데 도움이 되는 한 가지 방법은 무엇인가?

4부.

목적이 있는 관계를 추구하라

멘토링에 대한 기본적인 정의는 다음과 같다. 멘토링은 관계를 통해 성장과 변화를 의도적으로 추구하는 것이다.

_로라 플랜더스(Laura Flanders)

16
멘토링의 재구성

우리가 성장하기 위해 꼭 필요한 핵심 중 하나는 배움을 장려하고 전문성을 높이도록 북돋우는 관계망을 구축하는 것이다. 멘토링이라고도 불리는 이러한 전략적 관계를 찾는 방법을 알아내는 것은 여성에게 어려운 과제였다. 여성이 이러한 중요한 관계를 맺지 못하는 데는 여러 가지 이유가 있다. 첫째, 멘토를 찾고 시간을 요청하는 방법에 대한 명확한 지침이 부족하다. 둘째, 오늘날 기업 환경에서 여성 리더보다 숫적으로 훨씬 많은 남성 리더들이 다른 남성들에게 투자하는 경향이 있기 때문에 여성이 멘토링의 혜택을 받기가 쉽지 않다.

좋은 소식은 멘토링이 생각보다 접근하기 쉽다는 것이다. 멘토링의 의미를 확장하고 지식 공유 네트워크를 구축함으로써 여성의 업무를 향상시키고 발전시킬 수 있다. 이 장에서는 멘토링의 목적과 과정, 관련된 주요 질문을 살펴보기로 하자.

멘토링이란 무엇인가? 멘토링 커리큘럼을 제공하는 비영리 재단인 언커먼 인디비주얼(Uncommon Individual Foundation)을 설립한 존 C. 크로스비(John C. Crosby)는 "멘토링은 판단력 있는 머리, 듣는 귀, 올바른 방향으로 나아가도록 밀어주는 손"이라고 말한다. 이 정의는 매우 간단하면서도 광범위하다. 우리는 멘토링을 통해 다양한 사람들에게서 인사이트를 얻을 수 있고, 자신의 필요에 맞는 이상적인 멘토를 찾아야 한다는 압박에서 벗어날 수 있다.

멘토를 선택할 때 어떤 점을 고려해야 하는가? 자신을 발전시켜줄 단 한 사람을 찾기보다는 다양한 목적과 인생의 시기에 따라 지원해줄 여러 사람으로 구성된 집단을 상상해보라. 존 크로스비의 정의를 활용하면, 멘토는 당신이 직장 생활 초기에 조언을 해준 경험이 풍부한 여성 리더일 수도 있고, 청소년 시기에 지혜로운 상담을 해준 선생님이나 직급이 높아졌을 때 다른 회사에 지원하라고 충고해준 남성 상사일 수도 있다. 이러한 각 상황에서 멘토링은 관계를 중심으로 하고, 계획적이며, 성장을 돕는다.

워싱턴 D. C.에 있는 미국 기독교 싱크 탱크인 '공공 정의를 위한 센터'(Center for Public Justice)의 CEO인 스테파니 서머스(Stephanie Summers)는 멘토는 단 한 명이어야 한다는 잘못된 인식을 지적한다. "성경에는 멘토가 단 한 명이어야 한다는 생각을 뒷받침하는 근거가 충분하지 않지만, 각 성도에게 은사가 분배된다는 개념은 자주 등장한다. 그래서 우리는 다른 사람들에게 하나님이 주신 선물을 나눠달라고 요청할 수 있는 것이다."[1] 수 년 동안 서머스는 사람들에게 통찰력을 나눠달라고 부탁했다. 이때 그들이 자신을 멘토링한다는 느낌이 들지 않도록 조심했다. 그녀는 리더들에게 자신이 직면한 도전에 대해 한 시간 정도 편한 장소에서 논의해달라고 요청했다. 그녀가 리더들에게 '멘토링'해달라고 부탁한 것이 아니라, 단지 그들의 의견을 물었을 뿐이라는 점에 주목하라. 그들과 만나면, 그녀는 감사를 표하고 대화를 통해 배운 세 가지를 반복하면서 만남을 마무리한다. 그런 다음 스테파니는 그들에게 다시 만날 의향이 있는지 허심탄회하게 물으며 이야기를 마친다. 각 분야에서 정상의 자리에 있는 사람들도 대개 99퍼센트 '만날 생각이 있다'고 대답한다. "진정성 있는 리더일수록 그런 일에 더 관대한 것 같다"라고 그녀는 말한다. 스테파니도 자신에게 배우고자 하는 다른 사람들에게 똑같이 하고 있다.

멘티의 역할은 무엇인가? 덴버 신학교의 전 멘토링 디렉터인 로라 플랜더스(Laura Flanders)는 이 질문에 답하기 위해 그리스도를 언급한다. "그분은 완벽한 학습자이시자 완벽한 제자의 모범이시다. 완벽한 교사의 모범이기도 하시지만, 우리는 예수님이 지혜와 키가 자라셨다고 기록된 누가복음 2장 52절의 현실을 직시해야 한다. 우리의 기독론적 이해가 여기서 중요하다. 예수님이 완전한 인간으로서 성장하셨다는 것은 무엇을 의미할까? 그것은 그분이 겸손한 자세로 배우시고 성장하셨다는 것이다."[2]

로라는 이어서 설명한다. "히브리서 5장 8-10절에서는 나중에 예수님이 순종을 배우셔야 했다고 언급한다. 이는 그분이 다른 이들에 대한 공감과 연민의 마음을 품기 위해 지상 생활에서 고통을 당하시고 견디셔야 했음을 뜻한다. 고통이 아니면 그것을 배우실 수 없었기 때문이다. 이 이야기는 다른 어떤 예화보다 나에게 더 많은 동기를 부여한다. 예수님을 한 인간으로 바라보고, 그분이 누군가의 멘티가 되셨으며, 배우는 사람이자 성장하는 사람이셨다는 것을 생각해보는 것이다. 그분은 죄가 없으셨지만, 이해하셔야 할 것이 있었으며, 우리가 시험을 받는 것처럼 시험을 받으셨다. 그분은 인간으로서 우리가 겪는 것과 같은 것을 경험하셨다."[3]

멘티들은 학습 과정에 적극적으로 참여해야 한다. 멘토가 모든 통찰력을 제공해주기를 수동적으로 기대하지 말고 멘티가 적극적으로 참여하고 배우려는 의지가 있어야 멘토의 시간을 존중할 수 있다.

성별이 다른 사람에게 멘토링받는 것은 어떤가? 휘튼 대학에서 기업가 정신을 가르치는 데니스 다니엘스(Denise

Daniels) 교수는 이성에게 멘토링을 받을 때 누리는 유익과 문제점을 이렇게 설명한다. "여성들은 남성 동료들이 누리는 멘토링과 네트워킹 기회를 놓칠 수 있습니다. 예를 들어 남성이 상사와 점심을 먹는 것은 쉬운 일이지만, 여성은 그렇지 못합니다. 저는 직장에서 훌륭한 남성 멘토들을 만났고, 그분들이 없었다면 지금의 저는 없었을 것입니다."[4] 데니스는 여성이 적절한 멘토링을 받을 수 있도록 다른 멘티와 함께 짝을 지어 만나거나, 다른 사람들의 시선이 오가는 공공장소에서 만날 것을 제안한다. 리더는 이러한 전략으로 성별에 관계없이 남성과 여성이 같은 방식으로 만나 모든 동료가 동등하게 성장할 수 있도록 해야 한다.

멘토링 과정을 새롭게 구상하면 새로운 관계의 세계가 열린다. 다음번에는 누구에게 배우고 싶은가?

**더 깊은 생각으로
나아가기**

○

특정 주제에 관해 한 시간 동안 조언을 듣고 싶은 사람은 누구인가?

○

비공식적으로 멘토가 될 수 있는 사람들에 대해 생각해보라. 그들과 시간을 보내기 위해 어떻게 초대하면 좋을까?

○

멘토링이 '판단력 있는 머리, 듣는 귀, 올바른 방향으로 밀어주는 손'이라면, 당신이 멘토로서 제공할 수 있는 것은 무엇인가?

사람들을 거래의 대상이 아닌 하나님이
주신 다양한 선물로 보기 시작할 때 관계
형성에 필요한 '재구성'이 이루어진다.
_스테파니 서머스

17
새로운 방식의 관계망

　세계 최대의 비즈니스 전문 소셜 미디어 플랫폼인 링크드인(LinkedIn) 데이터에 따르면, 미국 여성은 남성보다 강력한 직업적 관계를 맺을 가능성이 28퍼센트 낮은 것으로 나타났다.[1] 이 조사는 전 세계적으로 '성별 네트워크 격차'가 있다는 결과를 보여주었다. 인맥이 좁다는 것은 여성이 취업 기회를 얻지 못할 수 있음을 의미한다. 성과 기반 채용 조사(Performance-based Hiring)에 따르면, 일자리의 85퍼센트가 인맥을 통해 채워진다.[2] 또한 강력한 인맥이 부족한 여성은 남성보다 경력 발전이 더딜 수 있다. 이러한 대인 관계의 불균형은 여성의 직장 생활에 영향을 미치고, 동시에 영적인 면에서도 깊은 영향을 미친다. 그리스도인 여성들이 영향력과 재능을 키우는 데 장벽에 부딪히면 그들의 은사는 세상에 널리 퍼지지 못할 것이다.

여성의 직업적 관계망이 더 약한 이유를 묻는 질문은 늘 나를 당혹스럽게 한다. 왜냐하면 많은 여성이 대인 관계에 뛰어난 능력을 보여주기 때문이다. 그러나 흑인 여성 기업가를 위해 비즈니스 발전 지원 프로그램을 제공하는 시스타비즈 글로벌 네트워크(Sistahbiz Global Network)의 설립자 마키샤 부스(Makisha Boothe)는 상황을 다르게 판단한다. 그녀는 이렇게 말한다. "여성이 인맥 관리를 못하는 것은 아닙니다. 다만 시스템이 여성을 위해 만들어진 것이 아니에요. 우리는 가부장적 사회에 살고 있고, 그 시스템은 그 당시 사회를 운영하던 사람들을 위해 만들어졌어요. 오늘날 여성들이 배운 모든 것은 그 시스템을 위한 것이 아니라 사회에서 다른 역할을 하는 데 필요한 것입니다."[3]

과거의 인맥 관리 방식에 맞추려고 하지 말고, 보다 다양한 사람이 하나님께 받은 재능을 세상과 나눌 수 있도록 관계망을 재구성해야 한다. 새로운 인맥 관리를 위한 접근 방식에는 다음과 같은 몇 가지 원칙이 있다.

관계를 위한 기도로 하루를 시작하라. 에이밸류 보험(A Value Insurance)의 창립자이자 CEO인 사라 램파드(Sarah Lampard)는 여성들이 하루를 시작할 때 앞으로 맺게 될 관계를 기대하면서, 그 관계에 내포된 영원한 의미를 고려하도록 격려한다. "하나님, 저를 필요로 하는 사람들에게 저를 이끄시고, 저에게 필요한 사람들에게로 저를 인도해주세요."[4] 마키샤 부스는 이렇게 덧붙인다. "기도를 드린 다음에는, 하나님이 그 기도에 응답하셨다는 것을 기억하라. 직장에서 함께 일하는 모든 사람을 하나님이 특별한 이유가 있어서 보내신 사람들로 바라보라."[5]

유연해지라. 스테파니 서머스는 경영진의 유일한 여성으로서, 또 다른 경영진인 동료들과 서로 같은 방식으로 사적인 관계를 맺지 못했던 기억을 떠올렸다. 어느 날, 그녀는 자신과 어울리려 하지 않는 몇몇 동료가 밖에서 모여 위스키를 마시고 담배를 피우는 모습을 목격했다. 이때 그녀는 생각했다. "이것은 예수님이 원하시는 모습이 아니야. 우리가 그리스도를 따르는 것은 공동체의 관계 안에서 이루어져야 해. 또한 공동체의 중심에는 그리스도가 계셔야 하고, 어떤 팀원도 공동체 밖에 있어서는 안 돼." 서머스는 이 경험을 완고해지기보다는 더 유연해지는 계기로 삼았다. 그녀는 그 무리에 있는 사람들이 함께 일하는 여성들에게 어떤 영향을 미치는지 모르고 있다는 사실을 깨달았다. "사람들의 역량이 부족한 것은 개선할 수 있는 문제입니다." 그녀는 말한다. "그들이 다른 사람들을 배제하고 있다는 것을 어떻게 알려줄 수 있을까요? 그런 다음 그것을 어떻게 받아들이고 적용할지는 스스로 결정할 문제입니다."[6]

상호 유익이 되는 관계를 맺으라. 인맥 관리라고 하면 사람들은 흔히 이렇게 오해한다. 그것은 승진, 잠재적 고객과의 연결, 사회적 지위 상승 등 자신의 목표를 달성하기 위한 것이라는 인식이다. 신앙의 시각에서 보면, 우리는 그리스도가 우리를 섬기신 것처럼 다른 사람들을 섬기기 위해 관계를 맺어야 한다. 빌립보서 2장 3-7절은 우리에게 이렇게 가르쳐준다.

"아무 일에든지 다툼이나 허영으로 하지 말고 오직 겸손한 마음으로 각각 자기보다 남을 낫게 여기고 각각 자기 일을 돌볼뿐더러 또한 각각 다른 사람들의 일을 돌보아 나의 기쁨을 충만하게 하라 너희 안에 이 마음을 품으라 곧 그리스도 예수의 마음이니 그는 근본 하나님의 본체시나 하나님과 동등됨을 취할 것으로 여기지 아니하시고 오히려 자기를 비워 종의 형체를 가지사 사람들과 같이 되셨고."

올바른 의도로 관계를 맺는 것 외에도 새롭게 알게 된 사람들에게 "제가 어떻게 하면 당신의 목표를 지원해줄 수 있을까요?" 또는 "우리 팀이 당신의 업무를 어떻게 도울 수 있을까요?"라고 물음으로써 상대방의 유익을 위해 헌신하겠다는 의사를 전달할 수 있다.

비교의 사이클을 멈추라. 배우이자 코미디언인 에이미 포엘러(Amy Poehler)의 말을 마음에 새기라. "내가 아니라 그 사람을 위해!"[7] 우리가 소명을 추구할 때 진정으로 서로를 지원하려면 비교 문화에서 벗어나야 한다. 마키샤 부스는 사업을 시작할 때 지원하는 문화를 구축하려고 운영 규정을 만들었다. '흑인 여성이 말할 때 우리는 귀를 기울인다'는 회사의 규정 중 하나로, 흑인 여성의 의견이 무시되는 경우가 많다는 데이터를 바탕으로 한 것이다. "그래서 이 공간에서는 당신의 의견을 들을 수 있습니다. 우리는 서로를 지지하고, 서로에게 사업을 소개해주거나 추천합니다"라고 그녀는 말한다. 마키샤는 함께 일할 때 더 강해진다는 것을 기억하는 직장 문화를 조성하고 있다. 그녀는 어려운 상황에서 다른 사람을 대신해 말하는 용기를 내는 것이 궁극적인 섬김의 모습이라고 말한다.

**더 깊은 생각으로
나아가기**

○

인맥 관리에 대한 당신의 경험을 이야기해보라.

○

다음 범주별로 한두 명의 여성을 생각해보고, 그들의 업무를 격려할 수 있는 작은 행동 하나를 생각해보라.

—조직 내 동료 또는 기존에 알던 사람

—경쟁자(또는 가상의 경쟁자)

—직장 생활을 막 시작한 젊은 여성

관계적으로 관대해지는 것은 우리 영혼에 유익하다. 그뿐만 아니라 그것은 우리의 사업에도 유익하고, 리더십에도 유익하며, 남성과 여성에게 건강한 리더십의 유산을 남기는 데도 유익하다.

_조 색스턴(Jo Saxton)

18

관계적으로 관대한 여성이 되라

　업무적인 상황에서 다른 여성에게 경쟁심을 느낀 적이 있는가? 조금 더 구체적으로 질문하면 "업무와 관련하여 다른 여성에게 마지막으로 경쟁심을 느낀 적이 언제인가"다. 어쩌면 두 사람이 같은 자리에 승진하기를 원했거나 여성이 거의 근무한 적이 없는 역할에 지원했을 수도 있다. 아니면 경쟁사가 방금 매력적인 새 브랜드를 공개했는데, 당신도 회사를 위해 그런 시도를 하고 싶지만 비용이 부담스러운 상황일 수도 있다.

　이러한 감정에 휘둘리다 보면 지금까지 일하던 방식을 바꾸어 자신이 사용할 수 있는 자원이 제한되어 있다고 믿게 된다. 아니면 성공에 필요한 것이라면 앞

뒤 가리지 않고 무조건 붙잡을 수 있다. 그러나 그리스도인의 삶의 다른 측면과 마찬가지로, 하나님은 우리가 이기적 성향에서 벗어나 관계적으로 관대한 사람이 되기를 원하신다.

여성 리더십 전문가 조 색스턴은 결핍의 사고방식을 의자 앉기 게임에 비유한다. "당신은 둥그런 테이블 주변을 돌고 있습니다. 한두 명만 자리에 앉을 수 있어요. 하지만 40명이 함께 뛰고 있습니다. 당신이 할 수 있는 일은 최대한 빨리 달리며 음악이 멈출 때 적절한 위치에 있는 것뿐이죠. 당신은 두 배로 열심히 일하고, 올바르게 보이려고 노력하며, 너무 논쟁적이지 않으려고 애를 씁니다. 또한 유능한 사람처럼 행동하려고 노력합니다. 당신은 이 모든 일을 하면서 음악이 멈출 때 그 자리를 차지하는 사람이 되길 바랍니다."[1]

그녀는 여성들에게 이 게임을 그만두고 그들의 관계망 속에 더 많은 여성이 기여할 수 있는 공간을 만들라고 촉구한다. 결핍에서 관대함으로 나아가고자 할 때, 다음 원칙이 관계의 지침이 될 수 있다.

다른 여성들의 성취에 주목하라. 영향력 있는 지위에서 섬기는 여성들의 사례는 다른 여성들에게 가능성을 보여준다. 색스턴은 자신의 인스타그램에서 성경에 나오는 여성들의 이야기를 강조하기로 했다. "많은 사람이 다이렉트 메시지(DM)를 보내와 '이 여성들이 진짜 존재했나요?'라고 묻더군요. 교회에서 그들의 이야기를 들어본 적이 없기 때문이죠. 어떤 사람들은 '나 같은 여성이 또 있다는 것이 정말 속상하다'고 말했습니다. "루디아는 사업가이고(행 16장 참조), 판사였던 드보라도 있는데(삿 4-5장 참조), 그들의 이야기를 들어본 적이 없기 때문이지요." 특히 기독교계에서는 여성 리더의 사례가 부족하다. 색스턴은 "그것은 여성들에게 그들이 무엇을 성취할 수 있는지에 대한 인식에 영향을 미칩니다"라고 말한다. "언어는 문화를 만듭니다. 우리가 무심코 만들어낸 것이 무엇인지 생각해보아야 합니다." 당신이 속한 집단에서 어떤 여성의 업적이 인정받을 만하다고 생각하는가?

다른 여성들의 목소리가 크게 들리게 하라. 미국 오바마 대통령 시절 행정부의 여성 리더들이 회의에서 서로의 아이디어를 지원하기 시작하자 큰 반향이 일었다.

여성 스태프들은 다음과 같은 '증폭'이라는 회의 전략을 채택했다. 한 여성이 핵심적인 주장을 하면 다른 여성들이 그것을 반복해 말하면서 그 주장을 한 사람의 공을 인정해주었다. 이렇게 하면 회의실에 있던 남성들은 그 여성의 기여를 인정할 수밖에 없었고, 자신의 아이디어라고 주장하지 못하게 되었다. 익명을 요구한 한 전직 오바마 대통령의 보좌관은 이렇게 말했다. "우리는 그런 방식으로 시작했고, 그것을 하루하루 실천했어요. 어느 순간 그것이 일상적인 습관이 되었죠." 오바마 대통령은 이러한 변화에 주목하고, 여성들과 하급 보좌관들에게 더 자주 연락하기 시작했다.[2]

이는 여성들이 서로를 지원하여 자신들의 의견을 개진하게 돕는 한 예시일 뿐이다. 직장에서 다양한 관점을 들을 수 있도록 도울 수 있는 기회는 많다.

관계망을 넓히라. 다른 여성들이 성공할 수 있도록 어떤 경로를 만들고 있는지 스스로에게 물어보라. 조직의 의사결정 과정에서 여성들이 충분히 고려되고 있는지 확인해보라. 골프와 같은 특정한 여가 활동을 즐기지 않는 사람들이 그런 활동에 참여하는 사람들과 같은 수준의 인맥을 형성할 기회를 얻게 하려면 어떻게 해야 할까? 서로를 알면 도움이 될 사람들을 연결하는 습관을 들이라. 그러나 그들을 연결하기 전에 당사자들의 의향을 묻는 이메일을 보내는 것이 예의다! 어떤 여성은 새로운 관계를 맺을 시간적 여유가 없을 수 있다. 동의를 구하지 않고 소개하는 것은 모두에게 불편한 상황을 초래할 수 있다.

당신의 권한과 자원을 공유하라. 당신이 리더라면 다른 사람에게 기회를 주는 것은 당신이 가진 것을 나눈다는 의미다. 조 색스턴이 목회자로 사역할 때 그녀는 담임 목사에게 자신이 그 교회의 유일한 여성 사역자라는 점에 지쳤다고 털어놓았다. 그 담임 목사는 자신의 인맥을 활용하여 그녀가 함께 시간을 보낼 수 있는 여성 리더를 찾아주었다. 그는 색스턴이 다른 사람에게서 배워야 할 것이 있다는 것을 이해하고, 그녀에게 시간을 투자할 수 있는 사람을 찾기 위해 자신의 인맥을 공유했다. 그녀는 이렇게 말한다. "사람들은 당신이 리더로서 충분히 안정감이 있고, 목적 지향적이며, 다른 사람의 잠재력을 충분히 인식하고 있다는 사실을 알게 될 것입니다. 그리고 당신이 자신의 팀에 가치 있는 것을 제공할 수 있는 리더들을 사람들과 연결해주기 위해 자신의 인맥을 활용했다는 것도 알게 될 것입니다."[3]

인간관계에서 관대함을 키우려면 당신이 이미 가지고 있는 다양한 자원을 인식하는 것부터 시작해야 한다. 다른 사람들과 공유할 수 있는 것이 무엇인지 찾기 위해 12장의 '직업적 능력'에 대한 논의를 다시 살펴보라.

**더 깊은 생각으로
나아가기**

○

누군가와의 관계에서 상대가 베풀어준 관대함으로 유익을 누린 적이 있는가?

○

당신이 다른 여성과 공유할 수 있는 자원, 관계 또는 영향력을 목록으로 만들어 몇 분 정도 브레인스토밍해보라. 당신이 제공할 수 있는 것으로 유익을 얻을 수 있는 두 명을 떠올려보라. 다음 한 달 동안 그들을 도울 수 있는 계획을 세워보라.

남성과 여성의 관계는 우리가 예수님의
제자라는 사실을 보여주는 아름다운
증거가 되어야 한다.

_캐롤린 커스티스 제임스(Carolyn Custis James)

19
복된 동맹의 회복

 남성과 여성은 함께 일하고, 업무적 도전에 함께 맞선다. 또한 같은 회의에 참석하고, 같은 복도를 걸어간다. 이 책에서 우리가 살펴본 것처럼, 우리는 직장에서 서로 갈등을 빚을 수도 있다. 어떤 여성들은 자신이 속한 업계나 직장을 '남자들을 위한 동아리'라고 부르거나 남성 중심의 환경에서 일하는 데 지쳤을 수 있다. 남성이 여성 중심의 환경에서 일하는 것이 힘들 수 있는 것처럼 여성도 남성과 함께 일하는 법을 배우는 것이 어려울 수 있다. 하지만 세상을 향한 하나님의 원대한 계획은 남성과 여성이 함께 일하는 것이다.

 작가 캐롤린 커스티스 제임스는 하나님이 계획하신

남성과 여성의 협력 관계를 '복된 동맹'이라고 묘사한다.

이 개념은 새롭고 진보적인 것처럼 보이지만, 인류가 잊고 있었던 고대의 유산이다. 이는 에덴동산으로까지 거슬러 올라갈 수 있는, 성경에 뿌리를 둔 원시적 개념이다.

성경의 첫 페이지에는 남성과 여성이 함께 일할 때 그 과정과 결과가 훨씬 더 좋고, 최고의 자아를 발휘한다는 개념이 드러난다. 하나님이 역사상 가장 야심찬 사업을 시작하셨을 때 남성과 여성으로 진행 팀을 구성하셨다.

…아담과 하와는 에베레스트산만큼 크고 어려운 과제를 받았다. 그것은 그들과 창조주가 견고하게 연결되지 않고는 할 수 없는 것이었다. 그들은 창조주의 대리자로서, 함께 지구의 자원을 현명하게 관리하고 활용하는 임무를 받았다. 그들의 목표는 지상에 하나님의 은혜로운 왕국을 건설하는 것이었다. 지구의 어떤 부분도 배제되지 않았으며, 그들이 공

동으로 통치하는 범위 안에 삶의 모든 영역이 포함되었다.

…하나님은 남성과 여성 사이에 복된 동맹을 창조하셨다. 남성과 여성을 자신의 형상대로 창조하시고 "하나님이 그들에게 복을 주셨다." 그리고 자신의 이름으로 세상을 다스리고 그분을 대신하여 정복하라는 큰 명령을 내리셨다. 창세기에 따르면, 남성과 여성의 관계는 세상에서 선을 이루기 위해 아무도 막을 수 없는 힘으로 설계된 왕국의 전략이다.[1]

이 복된 동맹을 결혼 관계로 보는 것이 일반적이지만, 이는 성경 전반에 드러나는 남성과 여성의 역동적인 협력 관계를 무시하는 것이다. 예를 들어, 대량 학살의 음모에서 이스라엘 백성을 구해낸 에스더와 모르드개, 바울과 함께 천막 만드는 일을 한 아굴라와 브리스길라 부부, 또는 예수 그리스도의 사역을 후원했던 막달라 마리아, 요안나, 수산나의 사례를 생각해보라. 이 남녀의 동맹 관계는 역사를 관통해 친구 사이였던 아빌라의 테레사와 십자가의 요한과 같은 사람들에게로 이어졌다. 그리스도에 대한 이들의 열정은 16세기 스페인에서 가톨릭 개혁을 일으키는 데 영감을 주었다. 윌리엄 윌버포스와 한나 모어는 19세기 영국에서 노예제도를 폐지하기 위해 클래팜 공동체(Clapham Circle)의 리더로 활동했다. 이러한 협력 관계는 대부분 사역을 도모하기 위해서였지만, 윌버포스와 모어는 공적인 부분에도 영향을 미쳤음을 엿볼 수 있다.

이 복된 동맹에 대한 비전을 잃어버리자 우리의 대적은 남성과 여성이 연합하여 집단적으로 미칠 수 있는 영향력을 약화시켰다. 남성과 여성은 협력하기보다는 경쟁하고, 미투 운동(#MeToo)이 보여주었듯이 때로 하나님이 계획하신 동맹 관계를 악용하게 되었다. 덴버 연구소는 그리스도의 죽음과 부활이 개인의 삶뿐만 아니라 창조물의 모든 부분을 죄의 피해에서 회복시킨다는 개념의 큰 복음을 믿는다(골 1:19-20 참조). 이 큰 복음을 적용할 때 우리가 직업인으로서 맺는 관계는 어떻게 달라질 수 있을까? 남녀의 복된 동맹을 되찾으면 오직 예수님의 역사로만 설명할 수 있는 협력 관계를 이끌어낼 수 있을까?

캐롤린 커스티스 제임스가 주장하는 것처럼 미투 운동이 문화적으로 큰 지지를 받고 있는 오늘날, 남성과 여성의 협력 관계를 회복하는 것은 이에 대한 강력한 변증이 될 수 있다. "하나님은 남녀의 관계가 지구상에서 생명의 빛을 비추는 중요한 역할을 하도록 계획하셨다. 하나님은 이 계획을 포기하지 않으시고 예수님의 사역 안에서 부활시키셨다. 남녀의 역학 관계는 성별 갈등이나 기독교 안의 격렬한 논쟁을 일으키려는 것이 결코 아니었다."**2**

이 짧은 장으로 직장, 교회 또는 사회에서 벌어지는 복잡한 성별 역학을 해결할 수 있다고 주장하는 것은 아니다. 그것은 근시안적일 뿐만 아니라 각 그룹의 독특한 문화를 포괄하지도 못한다. 하지만 이 대화가 지속적이고 생명을 불어 넣는 변화를 이끌어내는 과정의 시작이 될 수 있다.

시작점은 인식과 태도다. 남성 동료나 상사를 지나치게 비판적으로 대한 적이 있는가? 좌절감이나 고통스러운 경험 때문에 기본적으로 남성에 대한 태도가 부정적일 수 있다. '남자들을 위한 동아리'와 같은 성차별적 비

판을 배제하는 것이 시작점이 될 수 있다

대화 상대를 찾으라. 직장이나 사회적인 관계에서 이 주제를 함께 탐구할 열린 마음을 가진 남성을 찾아보라. 당신은 함께 배우며, 당신의 맹점과 편견을 지적해 줄 남성이 필요하다.

주님이 당신의 관점을 치유하시고 새롭게 해주시기를 기도하라. 직장이나 지역 사회에서 더 강한 협력 관계를 통해 주님이 어떻게 일하실지에 대해 새로운 비전을 달라고 구하라. 또한 남녀 갈등을 회복하려는 동일한 소망을 가진 남성들과 만나게 해주시기를 간구하라.

**더 깊은 생각으로
나아가기**

○

일상생활에서 남녀의 복된 동맹의 모습을 어디서 찾을 수 있는가? 남성과 여성의 협력 관계를 어렵게 하는 상황이 있다면 무엇인가?

○

잠시 시간을 내어 이번 장의 주제를 놓고 기도하라. 당신이 성장해야 할 부분을 알려주시길 하나님께 구하라. 복된 동맹을 회복하고자 마음을 모을 수 있는, 신뢰할 만한 남성들에게 인도해달라고 기도하라.

"네 짐을 여호와께 맡기라 그가 너를
붙드시고 의인의 요동함을 영원히 허락하지
아니하시리로다."
_시편 55:22

20

열심히 하기보다는 열심히 의지하라

'더 열심히'(Lean in)라는 말을 들으면 어떤 생각이 드는가? 페이스북 최고운영책임자(COO)였던 셰릴 샌드버그(Sheryl Sandberg)가 2013년 『린인』(Lean In: Women, Work, and the Will to Lead)이라는 책을 출간했다. 이 책은 일하는 여성들이 특히 경력 단절의 유혹에 빠지기 쉬운 시기에 그들의 직업적 경력을 중단하지 말 것을 촉구했다. 그러나 시간이 지남에 따라 샌드버그가 간과했던 빈틈이 드러났다. 야심을 품고 열심히 일하는 것만으로는 부족했다. 가정을 보살피는 것과 직장의 업무를 조절하는 것은 힘든 도전이었다. 특히 가정을 관리하는 데 도움이 필요한 여성에게는 더 그랬다. '더 열심히' 철학을 지지했던 한 기자는 다음과 같이 토로했다. "더 열심히 하는 열정만으로는 저 같은 초보 엄마에게 다가올 어려움에 대비할 수 없었습니다. 그림의 떡처럼 보이는 원칙은 결국 저에게 상처만 남겼습니다."[1]

만약 하나님이 당신에게 더 열심히 하기를 바라지 않으신다면 어떨까? 이 책에 제시된 원칙들을 읽고, 더 열심히 일하거나 똑똑하게 일하라는 메시지를 전하는 것으로 오해할 수 있다. 하지만 나는 그렇게 말하려는 것이 아니다! 하나님이 당신에게 주신 다양한 역할과 책임들을 받아들이라고 도전하는 것이다. 그리스도인 여성들이 직업적 역량을 발휘하여 하나님을 사랑하고 이웃을 섬기면 세상은 더 건강하고 아름다운 곳이 될 것이라 믿는다. 그러나 그 일은 하나님의 방법과 능력으로 이루어져야 한다. 하나님은 당신에게 '더 열심히 하라'(Lean in)고 말씀하시는 것이 아니라 '열심히 의지하라'(Lean Hard)고 초대하신다.

아이러니하게도 19세기에 활동한 남성 설교자인 옥타비우스 윈슬로우(Octavius Winslow)는 21세기의 직장 여성들이 마주하는 압박에 대해 이야기한다. 그는 동명의 아름다운 시를 포함한 '굳게 의지하라'(Lean Hard)라는 설교에서 내가 당신에게 품고 있는 소망을 전해주고 있다. 윈슬로우의 설교가 당신의 업무에 축복과 행복을 안겨주길 간절히 바란다.

> 우리는 기도라는 단순한 믿음의 행위로 우리의 근심과 염려, 슬픔과 부족함을 주님께 맡깁니다…[예수님은] 우리에게 오셔서 그분에게 나아와 의지하라고 초대하시며 우주의 균형을 잡으시는 그분의 팔과, 군인의 창에 찔려 우리를 위해 피 흘리신 그분의 가슴에 힘껏 의지하라고 권유하십니다…예수님은 당신 곁에 서서 사랑으로 말씀하십니다. "네 짐을 내게 맡겨라. 내가 너를 붙들어주리라. 나는 전능한 하나님이다. 나는 너의 죄와 심판의 짐을 지고 갈보리의 가파른 언덕을 올라갔다. 너를 위해 모든 것을 짊어진 전능함과 사랑의 힘으로 너의 걱정과 궁핍과 슬픔을 감당할 준비가 되어 있단다. 모든 것을 나에게 맡겨라."[2]

윈슬로우의 충고를 따라 주님을 굳게 의지하길 바란다. 직장에서 맡은 새로운 도전 앞에서 설렘을 느끼든, 압박감에 시달려 지쳐 있든 간에 그리스도는 당신을 도우시려고 기다리신다. 자신의 노력으로 발전하고자 세상의 방식을 따르지 말고, 주님을 굳게 의지하라. 그분의 사랑이 당신을 인도하시며 붙들어주시도록 하라.

굳게 의지하라

내 사랑하는 아이야! 굳게 의지하라.
내가 너의 걱정을 느낄 수 있도록.
나는 너의 걱정을 안다. 아이야! 그 짐을 내가
    얹었다.
내 손에 짐을 놓고, 네가 감당할 수 있는 무게만큼
네 어깨에 짐을 올리며 나는 말했지.
"내가 너의 곁에 있을 거야. 네가 나에게 기대는
    동안
이 짐은 너의 것이 아닌 나의 것이란다.
이렇게 나는 내 아이를 나의 사랑으로 품어줄

거야."

여기에 짐을 놓아라. 두려워하지 말고.

세계를 다스리는 어깨에 얹으라. 그리고 나에게 더
  가까이 오라!

아직 충분히 가깝지 않지만, 나는 나의 아이인 네
  걱정을 안아주고

네가 내 품에 안겨 있음을 느끼길 원한다.

너는 나를 사랑하고, 나는 그것을 안다. 의심하지
  말고,

그래, 나를 사랑하며 굳게 의지하라.[3]

이 시를 묵상하고 몇 분 동안 기도해보라. 하나님은 당신에게 어떻게 의지하라고 요청하시는가?

**더 깊은 생각으로
나아가기**

○

윈슬로우는 하나님만이 견디기 어려운 짐을 우리가 경험하도록 허락하신다고 말한다. 당신이 홀로 짊어지고 있는 짐은 무엇인가?

○

하나님은 우리가 그분께 짐을 맡길 때 우리를 붙드시겠다고 약속하셨다. 당신의 은사, 리더십, 직업에서 하나님을 온전히 신뢰하지 못하는 이유는 무엇인가?

○

이 책에서 당신의 업무에 적용할 만한 세 가지 교훈을 정리해보라. 각 교훈을 실천하기 위한 단계와 방법과 기간을 적어보라.

감사의 말

이 책은 덴버 신앙과 일 연구소(Denver Institute for Faith & Work)의 창립자인 제프 하넨(Jeff Haanen)과 연구소 직원들이 없었다면 세상에 나올 수 없었다. 그들은 '여성, 일, 소명'(Women, Work & Calling) 콘퍼런스를 처음 개최할 때부터 이 노력의 중요성을 인식하고 그 성장을 축하해주었다. 그들이 하나님과 함께, 하나님을 위해 사는 모습에 나는 늘 감동을 받는다. 또한 이 원고의 초기 단계에서 편집자의 안목을 빌려준 리디아 쇼프(Lydia Shoaf)에게도 감사를 전한다.

잉그리드 쿠치(Ingrid Kutsch)와 같은 친구들은 직업인으로서의 나를 끊임없이 지지해주었다. 그들의 통찰력, 격려, 동기부여는 막힌 곳과 두려움 속에서도 내가 포기하지 않고 나아갈 수 있게 해주었다. 또한 데니스(Denise), 카라(Kara), 리사(Lisa), 미카엘라(Michaela), 미시(Missy), 스테파니(Stephanie)에게도 감사드린다. 그들은 우정과 전문성이 어우러진 소중한 공동체를 이루고 있는데, 그곳의 경험을 이 책의 모든 독자도 누렸으면 좋겠다. 릭 프랫(Rick Pratte), 빌 콜라르(Bill Kollar), 그리고 제이디 펀치(JD Punch)에게도 감사드린다. 나의 재능을 인정해주고, 그들의 리더십 곁에서 내가 리더십을 발휘할 수 있도록 공간을 제공해주었다.

생물학적 가족이든 입양 가족이든 가족이 없었다면 내 삶은 이렇게 풍요롭지 못했을 것이다. 나를 그들 집에 초대하고 이야기를 들어준 우즈(Woods)와 사우어(Sauers)에게 감사드린다. 어려운 시기를 지날 때 안정감과 기쁨을 채워준 리치(Rich)와 커스틴 라신스키(Kirsten Lasinski)에게도 감사드린다. 그리고 친구이자 전사이자 격려자인 나의 어머니 린다 마이어(Lynda Meyer)에게 감사드린다. 어머니는 하나님의 부르심을 따라가는 모든 단계에서 충성과 사랑의 본을 보여주셨다.

주

서문

1. 이 책의 일부는 조안나 마이어가 "Called Together: A Biblical Perspective on Gender Roles in the Workplace"란 제목으로 Denver Institute for Faith & Work 웹사이트에 2018년 5월 15일, 4부작으로 기고한 것이다. https://denverinstitute.org /biblical-perspective-gender-roles-1.

1. 함께 부르심

1. Denise Daniels, "Better Together: Building A Workplace Where Both Men & Women Thrive," (Workshop, Business for the Common Good, Denver, CO, February 1, 2018).

2. Myk Habets and Beulah Wood, *Reconsidering Gender: Evangelical Perspectives*, (Eugene, OR: Pickwick Publications, 2010), 18.

3. Daniel J. Sandberg, "When Women Lead, Firms Win," Quantamental Research. October 16, 2019, www.spglobal.com/en/research-insights/featured/special-editorial/when-women-lead-firms-win.

3. 문화적 규범 대 성경적 규범

1. Nancy R. Pearcy, *Love Thy Body: Answering Hard Questions about Life and Sexuality*. (Grand Rapids, MI: Baker Book, 2018), 217. (『네 몸을 사랑하라: 성과 생명에 대한 도전과 기독교 세계관의 답변』, 복있는 사람)
2. Melissa Russell, "Executive Interview" (interview at Women, Work & Calling conference, Denver, CO, October 23, 2021).

4. 소명의 의미

1. Kate Harris, "The Heart of Vocation," Washington Institute for Faith, Vocation and Culture, accessed February 3, 2023, https://washingtoninst.org/the-heart-of-vocation.
2. 예정론에 대한 자세한 설명은 이 책의 취지(및 저자의 신학적 능력)를 벗어난다. 우리는 전지하신 하나님이 우리

삶의 모든 세부적인 일이 일어나기 전에 알고 계시고, 우리를 어떤 상황에서도 이끌어주신다고 믿는다. 그러나 우리는 그분과 함께 삶을 창조하는 적극적인 파트너다.

3. Os Guinness, *The Call: Finding and Fulfilling the Central Purpose of Your Life* (Nashville, TN: Thomas Nelson, 1998), 42, Kindle. (『소명: 인생의 목적을 발견하고 성취하는 길』, IVP)

4. Tod Bolsinger, "Formed Not Found," Fuller Studio, accessed March 17, 2023,
https://fullerstudio.fuller.edu/formed-not-found.

5. 소명을 탐험하는 도구

1. Os Guinness, *The Call: Finding and Fulfilling the Central Purpose of Your Life*(Nashville, TN: Thomas Nelson, 1998), 145, Kindle. (『소명: 인생의 목적을 발견하고 성취하는 길』, IVP)

2. Katie Macc, "Living Our Callings: An Iterative Process," (presentation, Women, Work & Calling conference, Denver, CO, October 23, 2021).

6. 성장을 가로막는 신념을 분별하라

1. Denver Institute for Faith & Work, "How to Overcome the Limiting Beliefs about Your Work with Charlena Ortiz," *Faith & Work Podcast*, July 8, 2021, https://denverinstitute.org/how-to-overcome-the-limiting-beliefs-about-your-work.

7. 우리의 영혼은 일을 통해 성장한다

1. Mindy Caliguire, "Experiencing Christ Through Our Callings," (presentation, Women, Work & Calling conference, online, October 24, 2020).

8. 겸손한 자신감을 기르라

1. Denver Institute for Faith & Work, "How to Have Humble Confidence in the Age of the Personal Brand with Jena Viviano Dunay," *Faith & Work Podcast*, July 15, 2021, https://denverinstitute.org/how-to-have-humble-confidence-in-the-age-of-the-personal-the-personal-brand.

9. 가면 증후군을 극복하라

1. Pauline Rose Clance and Suzanne Ament Imes, "The Imposter Phenomenon in High Achieving Women: Dynamics and Therapeutic Intervention," *Psychotherapy: Theory, Research & Practice*, 15 (1978): 241-47, https://doi.org/10.1037/h0086006.

2. Merritt Onsa, "Women, Use Your Voice," (panel discussion, Women, Work & Calling conference, Denver, CO, October 23, 2021).

3. Carol Dweck, "What Having a 'Growth Mindset' Means," *Harvard Business Review*, January 13, 2016, https://hbr.org/2016/01/what-having-a-growth-mindset-actually-means.

10. 하나님이 주신 안식의 선물을 발견하라

1. Sarah DiGiulio, "Work Has Fully Invaded Our Personal Lives. Here Are 8 Ways We Can Work Smarter in 2020," BETTER by TODAY, January 2, 2020, www.nbcnews.com/better/lifestyle/work-has-fully-invaded-our-personal-lives-here-are-8-ncna1108756.

2. Timothy Keller with Katherine Leary Alsdorf,

Every Good Endeavor: Connecting Your Work to God's Work (New York: Penguin Books, 2012), 235. (『팀 켈러의 일과 영성』, 두란노)

3. Tara Owens, "Entering Sacred Time: Sabbath, Rest, & Experiencing Time Enough for Everything," (presentation, Women, Work & Calling conference, Denver, CO, October 24, 2018).

11. 진정성 있게, 의도적으로 리드하라

1. Michael Baliousis, Stephen Joseph, P. Alex Linley, John Maltby, and Alex M. Wood, "The Authentic Personality: A Theoretical and Empirical Conceptualization and the Development of the Authenticity Scale," *Journal of Counseling Psychology* 55 (2008), 385-99, https://doi.org/10.1037/0022-0167.55.3.385.

2. Daniel Henderson, *The Prayer God Loves to Answer: Accessing Christ's Wisdom for Your Greatest Need* (Bloomington, MN: Bethany House Publishers, 2016), chap. 9 인용.

3. Charisse Jones, "Identity, Authenticity, & Mission," (presentation, Women, Work& Calling, conference, Denver, CO, October 23, 2021).

12. 직업적 능력을 실현하라

1. Lee Hardy, *The Fabric of This World: Inquiries into Calling, Career Choice, and The Design of Human Work* (Grand Rapids, MI: Eerdmans, 1990), 83. (『직업과 소명에 대한 기독교적 관점』, 부흥과 개혁사).

2. Amy Sherman, *Kingdom Calling: Vocational Stewardship for the Common Good* (Downers Grove, IL: Inter Varsity Press, 2011), chap. 9.

13. 완벽주의에 저항하라

1. Mary Ward, "Women More Likely to Be Perfectionists, Anxious at Work," *Sydney Morning Herald*, April 17, 2018.

2. Jessica Bennett, "It's Not You, It's Science: How Perfectionism Holds Women Back," *Time*, April 22, 2014, https://time.com /70558/its-not-you-its-science-how-perfectionism-holds-women-back.

3. Jo Saxton, "Becoming a Relationally Generous Leader," (presentation, Women, Work& Calling conference, Denver, CO, October 23, 2021).

4. Saxton,"Relationally Generous Leader."

15. 이중구속에 주의하라

1. Nicholas Kristof, "When Women Rule," *New York Times*, February 10, 2008, www.nytimes.com/2008/02/10/opinion/10kristof.html.
2. Deborah Streeter, "Women in Leadership: Navigating the Double Bind" (course, Women in Leadership Certificate, Cornell University, March 13, 2022).

16. 멘토링의 재구성

1. Stephanie Summers, "Better Together: Discovering the Power of Networks," (panel discussion, Women, Work & Calling conference, Denver, CO, October 23, 2021).
2. Laura Flanders, "Busting Myths about Mentoring," *Faith & Work Podcast*, February25, 2022, https://denverinstitute.org /busting-myths-about-mentoring.
3. Flanders, "Busting Myths."
4. Denise Daniels, "Better Together: Building A Workplace Where Both Men & Women Thrive," (workshop, Business for the Common Good conference,

Denver, CO, February 1, 2018).

17. 새로운 방식의 관계망

1. Greg Lewis, "LinkedIn Data Shows Women Are Less Likely to Have Strong Relationships-Here's What Companies Should Do," *LinkedIn Talent Blog*, March 11, 2020, www.linkedin.com /business/talent/blog/talent-acquisition/women-less-likely-to-have-strong-networks.

2. Lou Adler, "New Survey Reveals 85% of Jobs Are Filled by Net- working," LinkedIn, February 28, 2016, www.linkedin.com/pulse/new-survey-reveals-85-all-jobs-filled-via-networking-lou-adler.

3. Makisha Boothe, "Better Together: Discovering the Power of Networks," (panel discussion with Sarah Lampard and Stephanie Summers at Women, Work & Calling conference, Denver, CO, October 23, 2021).

4. Sarah Lampard, "Better Together: Discovering the Power of Net-works," (panel discussion with Makisha Boothe and Stephanie Summers at Women, Work &Calling conference, Denver, CO, October 23, 2021).

5. Boothe, "Better Together."

6. Stephanie Summers, "Better Together: Discovering the Power of Networks," (panel discussion with Makisha Boothe and Sarah Lampard at Women, Work & Calling conference, Denver, CO, October 23, 2021).

7. Amy Poehler, *Yes Please* (New York: Harper Collins, 2014), 149.

18. 관계적으로 관대한 여성이 되라

1. Jo Saxton, "Becoming a Relationally Generous Leader," (presentation at Women, Work & Calling conference, Denver, CO, October 23, 2021).

2. Julia Eilperin, "White House Women Want to Be in the Room Where It Happens," *Washington Post*, September 13, 2016, www.washingtonpost.com/news/powerpost/wp/2016/09/13/white-house-women-are-now-in-the-room-where-it-happens.

3. Saxton, "Relationally Generous Leader."

19. 복된 동맹의 회복

1. Carolyn Custis James, "The Blessed Alliance,"

Carolyn Custis James (website), September18, 2012, https://carolyncustisjames.com/2012/09/18/the-blessed-alliance.

2. Custis James, "Blessed Alliance."

20. 열심히 하기보다는 열심히 의지하라

1. Katherine Goldstein, "I Was a Sheryl Sandberg Superfan. Then Her 'Lean In' Advice Failed Me," *Vox*, December 6, 2018, www.vox.com/first-person/2018/12/6/18128838/michelle-obama-lean-in-sheryl-sandberg.

2. Octavius Winslow, *The Ministry of Home; Or, Brief Expository Lectures on Divine Truth* (London: William Hunt and Company, 1867), 354-55, www.google.com/books/edition/The_Ministry_of_Home_Or_Brief_Expository/uOhoAAAAcAAJ?hl=en&gbpv=1.

3. Winslow, *The Ministry of Home*, 355.